초등쌤이 알려주는 하나하나
한국사의 비밀

초등쌤이 알려주는 하나하나
한국사의 비밀

| 1판 1쇄 펴낸 날 | 2024년 10월 10일 |
| 1판 2쇄 펴낸 날 | 2025년 12월 10일 |

지은이	이동은
그린이	한규원(필움)
디자인	최한나

펴낸이	박현미
펴낸곳	(주)이북스미디어
출판등록	2022년 4월 25일(제2022-000038호)
주소	서울시 용산구 임정로 11길 4
전화	031-949-9055
팩스	0505-903-5003
전자우편	admin@yibooks.co.kr

ⓒ 이동은·한규원(필움), 2024
ISBN 979-11-983547-8-5 74710
　　　979-11-979285-8-1 (세트)

- 이 책은 저작권법에 의해 보호를 받으며 본사의 허락없이 복제 및 스캔 등을 이용해 무단으로 배포할 수 없습니다. 책의 내용을 재사용하려면 반드시 동의를 구해야 합니다.
- 잘못된 책은 구매처에서 교환해 드립니다.
- 책값은 뒤표지에 표시되어 있습니다.

초등쌤이 알려주는

한국사의 비밀

작가의 말

'역사를 잊은 민족에게는 미래가 없다' 라는 말 들어본 적 있나요? 한반도라는 땅을 공유한 채로 과거와 현재는 이어져 있고, 그 이어짐을 역사 속에서 찾아볼 수 있죠. 우리가 살고 있고 누리고 있는 수많은 것들은 당연한 것이 아니며 역사 속 사건들이 쌓이고 쌓여 가능하게 된 것이랍니다. 한국사를 아는 것은 곧 우리를 알고 나를 알고 우리가 앞으로 나아가야 할 방향을 아는 것을 말해요. 선조들의 선택을 바라보며 어떤 가치를 추구하며 살아야 하는지 힌트를 얻을 수 있죠.

일제 강점기에 수많은 독립운동가들이 나라를 되찾기 위해 목숨을 바치면서까지 대한 독립 만세를 외치지 않았다면, 즉 다른 선택을 했다면 지금 우리는 어떤 삶을 살고 있을까요? 이런 이유로 학교 교육 과정에서는 초등학교 5학년 때부터 한국사에 대해 배울 수 있도록 구성하였어요. 하지만 많은 친구들이 역사는 지루하고 어렵다 라는 생각을 가지고 있죠.

　이 책은 선사 시대부터 현대까지 한반도에서 일어나는 수많은 사건을 네 컷 만화로 쉽고 재미있게 설명합니다. 또 각 시기에서 중요한 키워드를 초성 퀴즈로 재미있게 추측하며 맞춰볼 수 있답니다. 책을 읽으면서 역사 어렵지 않네? 재미있네! 라고 생각하게 되길 바랍니다.

　'인생은 롤러코스터와 같다' 라는 말이 있습니다. 올라갈 때가 있는 것처럼 내려올 때도 있죠. 전성기를 제일 늦게 맞이했던 신라가 한반도 전체를 통일할 수 있었던 것과 그 통일된 신라의 해가 지는 과정처럼 말이죠. 역사는 우리에게 위로와 깨달음을 주며 이를 통해 우리 친구들이 더 깊은 어른으로 성장할 수 있게 도와줄 것입니다.

― 작가 이동은, 한규원

차례

1장 선사 시대 그리고 최초의 국가
1. 인류의 출발점 **구석기 시대** ········· 014
2. 농사의 시작, **신석기 시대** ········· 018
3. 전쟁과 계급의 시작, **청동기 시대** ········· 022
4. 우리나라 최초의 국가 **고조선** ········· 026
5. **철기 시대**, 새로운 나라들의 등장 ········· 030

2장 삼국 시대
1. 주몽의 비범한 탄생과 **고구려** 건국 ········· 036
2. 온조의 선견지명, 한강 유역에 **백제** 건국 ········· 040
3. 신비로운 탄생의 **신라와 가야** ········· 044
4. 한강을 차지하라! **삼국의 전성기** ········· 048
5. 기나긴 전쟁의 끝, 신라 **삼국을 통일**하다 ········· 052

3장 남북국 시대와 후삼국 시대
1. 신문왕! **통일신라**의 기틀을 잡다 ········· 058
2. 고구려를 계승한 강력한 나라, **발해** ········· 062
3. 신라의 위기와 다시 나누어진 **후삼국 시대** ········· 066

4장 고려 시대
1. **고려 왕건**, 분열됐던 한반도를 통일하다 ········· 072
2. 호족의 힘을 낮춰라! **노비안검법과 과거제** ········· 076
3. 끈질긴 **거란과 여진**의 공격 ········· 080
4. 고려의 보물, 백성과 **팔만대장경** ········· 084
5. 새로운 태양, **조선** ········· 088

5장 조선 시대

1. **태조 이성계**의 조선 건국 ·································· 094
2. 백성을 첫 번째로 생각한 임금, **세종대왕** ·················· 098
3. **신분 제도**로 알아보는 조선시대 생활 모습 ················ 102
4. 일본, 조선을 침략하다 **임진왜란** ·························· 106
5. 끝을 향하는 일본과 **이순신**의 치열한 전투 ················ 110
6. **광해군**의 중립 외교 ······································ 114
7. 청과의 전쟁, **병자호란** ·································· 118
8. 붕당과의 싸움, **영조**와 **정조** ·························· 122
9. **세도 정치**, 고통받는 백성들 ······························ 126
10. 갈림길에 선 조선의 키를 쥔 **흥선대원군** ·················· 130

6장 개항기와 국권 피탈

1. 조선의 문을 열게 된 **강화도 조약** ························ 136
2. 백성의 목소리, **동학 농민 운동** ·························· 140
3. 조선의 변화, **대한 제국** ·································· 144
4. 우리 민족의 고통, **일제 강점기** ·························· 148
5. 나라를 되찾기 위한 외침, **독립 만세 운동** ················ 152
6. 일제의 수탈과 목숨을 바친 **우리 민족의 저항** ············ 156
7. **8.15 광복**과 분단의 시작 ································ 160

7장 6.25 전쟁과 현대

1. **6.25 전쟁**과 우리의 아픔 ································ 166
2. 부정선거와 시민들의 대항, **4.19 혁명** ···················· 170
3. 민주주의를 지키기 위한 시민들의 저항, **5.18 민주화 운동** ·· 174
4. 민주주의 사회를 향한 간절한 외침, **6월 민주 항쟁** ········ 178

등장인물

청동기 시대 찌기

단군 신화 웅녀

단군 신화 호랑이

후삼국 시대 선생님

고려 시대 원숭이

발해 돌사자

독립군 삐딱곰

북한과 중동, 소련

조선의 강하지

주몽의 후예 까마귀

대장장이 토끼

독립 운동가 오댕

일본 군사들

든든한 UN군

독재 정치 조력자 다람쥐

1장
선사 시대 그리고 최초의 국가

선사 시대 그리고 최초의 국가 ①

인류의 출발점
ㄱ ㅅ ㄱ 시대

① 구식기　② 굴삭기　③ 구석기

구석기 시대 [핵심 키워드]
무리 사회, 평등 사회, 뗀석기, 채집, 수렵, 동굴

사냥과 채집의 시작, 구석기 시대

70만 년 전 우리나라는 어떤 모습이었을까요? 문자로 기록도 되어 있지 않은 오래된 과거에 언제부터 사람이 살기 시작했고, 사람이 살고 있었다면 어떤 모습으로 생활했을지 궁금하지 않나요? 지금부터 70만 년 전으로 함께 시간 여행을 떠나보려고 합니다. 여행의 첫 시작은 구석기 시대입니다. 구석기 시대에는 사람들이 무리를 지어 동물을 사냥하고 열매를 채집하여 끼니를 해결하였답니다. 사람들은 어떻게 동물을 사냥하였을까요? 지금처럼 많은 도구가 없는데 말이죠. 당연히 맨손으로 큰 몸집의 동물들을 사냥하고, 땅을 파서 풀을 캐기는 어려웠겠죠. 그래서 그 당시 사람들은 뗀석기를 만들어 사용했답니다. 다른 단단한 물체에 돌을 깨뜨려서 조각 조각을 떼어내어 뾰족한 돌로 만드는 것이지요. 뗀석기 중 구석기 시대 사람들에게 가장 유용했고 인기가 많아 오래 사용되었던 것이 바로 주먹도끼랍니다. 지금의 우리로 생각하면 인기 상품이었던 것이죠. 주먹도끼는 말 그대로 주먹으로 잡을 수 있는 도끼입니다. 뗀석기 종류 중 하나로 한 손에 쥐고 쓸 수 있어 짐승을 사냥하고 가죽을 벗기며 땅을 파서 풀이나 나무를 캐는 데 아주 유용한 도구였습니다.

  또 구석기 시대 사람들은 사냥과 채집으로 생존했기 때문에 무리를 지어 다니는 이동 생활을 했답니다. 현대 사람들은 이사하지 않고 한집에 계속 살면서 학교도 다니고 직장에 돈을 벌러 나가죠. 집을 이리저리 옮겨 다니면서 살 이유가 없기 때문입니다. 하지만 구석기 시대 사람들은 주변에 동물이나 먹을 것이 없다면 동물과 열매가 많은 곳으로 이동해야만 했죠. 그래서 동굴에서 잠시 지내거나 임시로 간단하게 막집을 지어 머물곤 했답니다. 70만 년 전 구석기 시대 사람들은 이처럼 뗀석기, 주먹도끼 등을 이용하여 사냥과 채집으로 식량을 구했고, 이를 위해 이동 생활을 했던 것이죠.

🌸 뗀석기

구석기 시대 전반에 걸쳐 사용한 도구이다. 돌을 다른 물체에 부딪혀서 떼어내거나 때려서 뾰족하게 만든 도구로, 선사 시대 전 기간에 걸쳐 가장 오랫동안 사용되었다. 뗀석기는 만드는 방법이나 돌의 어떤 부분을 사용하느냐에 따라 여러 가지 종류가 있다.

선사 시대 그리고 최초의 국가 ②

농사의 시작
ㅅ ㅅ ㄱ 시대

① 신석기　② 산신굿　③ 수신기

신석기 시대 핵심 키워드
씨족 사회, 농경의 시작, 채집, 빗살무늬 토기, 간석기, 움집

가족과 함께 집에서 생활하는 신석기 시대

　구석기 시대의 사람들은 항상 굶주렸고 배고팠습니다. 앞서 설명했던 것처럼 사냥과 채집만으로 살아가기는 쉽지 않기 때문이죠. 그러면서 인류 최초의 혁명이 일어나게 된답니다. 바로 농경과 목축을 시작하게 된 것이에요. 농경과 목축으로 인류는 구석기 시대와는 전혀 다른 생활 모습으로 변화합니다. 농경이란, 농사를 짓는 것이죠. 논농사는 밭농사보다 훨씬 많은 기술이 들어가기 때문에 신석기 시대에는 밭농사만을 했답니다. 농사를 짓기 위해서는 물이 필요하죠. 물을 끌어다 쓰기 위해 강이나 바닷가 근처에서 살아야 했습니다. 여기서 구석기 시대와 신석기 시대의 아주 큰 차이점을 알아낼 수 있어요. 구석기 시대에는 사냥과 채집을 했기 때문에 이동 생활을 했었죠. 반면 신석기 시대에는 강이나 바다 근처에 땅을 파고 튼튼한 나무로 기둥을 세운 뒤 풀로 덮은 움집을 지어 정착하며 살게 되었답니다. 나만의 집이 생긴 거죠. 그럼 그 집에 누구와 들어갔을까요? 바로 가족이에요. 신석기 시대는 혈연끼리 모여 가족을 이루어 살아가는 씨족(부족)사회였답니다. 열심히 밭농사를 짓고 나서 수확한 곡식을 보관하였습니다. 빗살무늬 토기의 생김새는 바닥이 뾰족하고 이름 그대로 빗살무늬가 있답니다. 바닥이 뾰족하면 불편하지 않을까요? 세울 수가 없으니까요. 왜 바닥을 뾰족하게 만들었을까요? 그 당시는 물가 근처에서 살았기 때문에 땅이 물기를 머금어 말랑말랑했습니다. 말랑말랑한 땅에 파묻기 위해 바닥이 뾰족해야 했던 것이죠. 또 농사를 짓기 위해서는 구석기 시대 사용했던 뗀석기보다 더 정교한 도구가 필요했습니다. 그래서 등장한 도구가 바로 간석기랍니다. 간석기는 돌을 곱게 갈아냈기에 쓰임이 다양했죠. 간석기뿐만 아니라 도마처럼 사용되는 갈판과, 곡식을 갈아서 식량을 만드는 데 사용되었던 갈돌도 등장했습니다. 구석기 시대에는 동물을 사냥했다면 신석기 시대에는 목축을 시작하게 되죠. 이처럼 함께 농사를 짓고 수확한 곡식을 똑같이 나누고 움집에서 가족과 함께 생활하는 평등한 시기였답니다.

🏛 빗살무늬 토기

빗살무늬 토기는 신석기 시대 한반도에 거주한 주민이 사용한, 표면에 빗살무늬가 있는 토기이다. 신석기 시대를 대표하는 가장 대표적인 유물로 즐문토기로도 부른다.

선사 시대 그리고 최초의 국가 ③
전쟁과 계급의 시작
ㅊ ㄷ ㄱ

① 최대급　② 청동기　③ 치도곤

청동기 시대 핵심 키워드
비파형 동검, 고인돌, 계급 사회, 반달 돌칼, 민무늬 토기

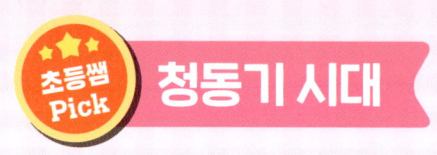

계급이 생겨났다! 청동기 시대

역사를 살펴보면 정말 신기하게도 인류의 대단함을 느끼게 됩니다. 발전하고 성장하기 때문이죠. 밭농사를 열심히 하던 신석기 시대를 지나 농경 기술을 발전시켜 밭농사뿐만 아니라 벼농사도 가능한 청동기 시대가 시작하게 되죠. 그렇다면 벼농사에 사용되는 많은 도구를 청동기 시대이니 청동으로 만들었을까요? 청동기 시대에 청동이 나온 것은 맞지만 청동은 만들기 몹시 어렵고 귀했답니다. 그래서 농사에 사용되는 도구들은 청동이 아닌 여전히 돌로 만들었죠. 대표적인 도구에는 벼 이삭을 자르는 반달 돌칼이 있어요. 이름 그대로 반달 모양의 돌칼입니다. 그렇다면 청동은 도대체 어디에 사용되었을까요? 이를 알아내기 위해서는 청동기 시대를 좀 더 깊이 들어가 봐야 합니다. 벼농사가 시작되고 곡식을 생산하는 능력이 향상되면서 사람들끼리 사이좋게 나눠 먹고도 남는 곡식이 생겼습니다. 그리고 사람들 사이에서 더 많은 곡식을 갖기 위한 전쟁이 일어나게 됩니다. 전쟁에서는 어쩔 수 없이 승자와 패자가 생겨나죠. 승자는 지배자가 되고, 패자는 피지배자가 되어 모두가 평등했던 신석기 시대와는 달리 청동기 시대에는 계급이 생기게 됩니다. 지배 계급들은 피지배 계급과는 차이를 두고 싶었겠죠? '내가 바로 지배 계급이다! 나를 받들 거라!' 그러면서 사용했던 것이 바로 청동을 이용한 장신구였답니다. 청동을 이용한 거울이나, 청동 방울을 주렁주렁 매달고 거리를 거닐면 모두가 지배 계급을 우러러보는 것이죠. 또 전쟁이 시작되면서 더 강력한 무기를 만들기 위해 청동을 이용한 비파형 동검이 생겨났습니다. 이뿐만 아니라 당시가 계급 사회임을 알 수 있는 것이 바로 고인돌이랍니다. 고인돌은 큰 돌 두 개를 양옆에 세우고, 그 위에 더 큰 돌을 올려놓은 무덤입니다. 그런데 그 돌이 단순히 큰 돌이 아니라 수십 톤 무게의 돌이었고, 이를 만들기 위해서는 수백 명 이상의 남자가 필요했죠. 그렇기에 최고 지배자만이 죽고 나서 고인돌로 무덤을 만들 수 있었습니다. 그리고 그 안에 토기나 석기, 청동기의 값비싼 유물을 넣는 장례 문화가 생겨난 것이랍니다.

반달 돌칼

곡식의 이삭을 딸 때 쓰던 선사 시대 농사 기구이다. 반달 모양으로 생겼기 때문에 반달 돌칼이라고 부른다. 신석기 시대 후기부터 쓰기 시작하여 청동기 시대에 가장 많이 사용했다.

선사 시대 그리고 최초의 국가 ④

우리나라 최초의 국가,
ㄱ ㅈ ㅅ

① 구조선　② 고조선　③ 골절상

고조선 핵심 키워드

건국 신화 삼국유사, 철기 보급, 아사달 도읍, 한 무제에게 멸망

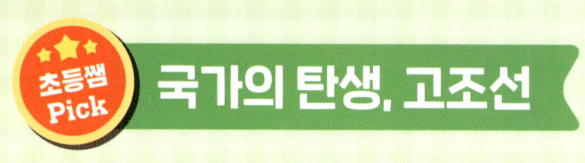

단군왕검 신화와 최초의 국가

앞서 청동기 시대에 벼농사를 지으면서 식량이 많아지고, 더 많은 것을 가지기 위한 전쟁이 일어나며, 그 결과 계급이 생겨났다고 했어요. 그리고 계급이 생겨나면서 이것을 제도화할 수 있는 국가가 탄생하게 되었습니다. 우리나라 최초의 국가는 기원전 2333년 무렵에 세워진 고조선이에요. 고조선의 단군왕검 신화 이야기를 들어본 적 있나요?

하늘의 신의 아들인 '환웅'은 인간 세상에 관심이 많았답니다. 그들을 살피고 다스리고 싶어 했죠. 그렇게 환웅은 인간 세상에 내려오게 되었어요. 비, 바람, 구름 신을 데리고 태백산에 내려왔죠. 그러고는 누구를 만났을까요? 바로 곰과 호랑이였습니다. 곰과 호랑이는 환웅에게 와 간절히 부탁했습니다. "사람이 되고 싶습니다! 사람이 될 수 있도록 도와주세요!" 환웅은 곰과 호랑이에게 쑥과 마늘을 주면서 이야기했죠. "100일 동안 동굴에서 이것만 먹고 햇빛을 보지 말거라. 그럼 사람이 될 것이다." 여러분은 100일 동안 쑥과 마늘만 먹고 햇빛도 보지 않을 수 있나요? 엄청나게 힘든 그 일을 곰이 해냈답니다. 하지만 호랑이는 100일이 되기 전 참지 못하고 동굴 밖으로 뛰쳐나오고 말았습니다. 100일을 다 채운 곰은 여인이 되어 환웅과 결혼했고, 둘 사이에 태어난 아들이 바로 '단군왕검'이랍니다. 단군왕검은 건강한 사내로 잘 자라 청동기 문화를 바탕으로 우리나라에 고조선이라는 나라를 세웠어요. '선생님! 곰, 호랑이요? 말도 안 돼요. 곰이 어떻게 사람이 돼요?' 라고 생각하는 친구들이 분명 있을 거예요.

 이 신화 이야기에는 숨겨진 비밀이 있답니다. 곰과 호랑이는 진짜 동물 자체가 아니라 곰을 숭배하는 부족, 호랑이를 숭배하는 부족을 뜻합니다. 두 부족 사이에 세력 다툼이 일어났고, 곰을 숭배하는 부족이 승리했다는 것이죠. 또 환웅이 하늘에서 내려와 고조선을 건국했다는 것은 북쪽에서 내려온 사람이 나라를 세운 것으로 해석할 수 있죠. 할머니가 들려주는 옛날 이야기처럼 이야기에 신화적인 요소들을 넣어 사람들의 입에서 입으로 전해졌고, 지금의 단군 신화가 만들어진 것이죠. 고조선은 홍익인간의 정신으로 나라를 세웠고 다스렸습니다. 홍익인간이란, 널리 인간을 이롭게 한다는 뜻이에요. 조화와 평화를 중요시했고 그 생각을 바탕으로 나라의 법과 제도들을 운영했답니다. 그렇기에 우리 친구들도 우리의 뿌리와 가치관을 마음에 깊이 새기고 우리 민족에 자부심을 가지면 좋겠습니다.

선사 시대 그리고 최초의 국가 5

ㅊ ㄱ 시대,
새로운 나라들의 등장

① 철기 ② 총기 ③ 창고

철기 시대 핵심 키워드

청동기는 제사용, 철기는 무기와 농기구, 지배 계층과 피지배 계층 세분화, 고구려와 부여 및 삼한 등 연맹 왕국 등장

다양한 형태의 다섯 국가 등장

  돌밖에 없던 시기를 지나 청동기로 물건을 만드는 청동기 시대가 오면서 고조선이라는 최초의 국가가 생겨나고, 지배 계급과 지배를 당하는 계급으로 나뉘는 계급 사회가 되었죠. 도구의 기본이 되는 물질은 이렇듯 사회 모습에 큰 변화를 몰고 옵니다. 첫 번째로 청동기를 바탕으로 세워진 고조선에 큰 변화가 오게 되었죠. 위만이라는 사람은 중국에서 건너온 철제 무기로 무장하여 당시 고조선의 왕이었던 준왕을 몰아내고 왕이 되었습니다. 그러면서 철은 한반도에 큰 영향을 주게 됩니다. 청동기와는 달리 철은 장신구와 단검뿐만 아니라 농기구와 일상용품 그리고 무기에도 사용하게 되었죠. 청동기에 비해 단단하고 날카로워 농사가 훨씬 수월해져 농업 생산물이 증가하였습니다. 또 철제 무기로 무장한 나라는 당연히 군사력이 커지고 아주 강한 나라가 되었죠. 위만이 왕으로 있던 고조선은 철제 무기가 더 발달한 한나라의 공격을 받아 패하였고 결국 멸망하게 되었습니다. 고조선이 멸망하면서 만주와 한반도 지역에는 크고 작은 나라들이 철기 문화를 바탕으로 생겨났죠. 다섯 개의 나라가 생겨났고, 모두 다양한 형태를 가지고 있었습니다. 첫 번째로 연맹 왕국 형태의 부여와 고구려에 대해 알아볼까요? 연맹 왕국이란, 철제 무기로 힘을 키운 부족이 주변 부족을 정복하고 자기 세력으로 합치면서 국가의 형태를 가지게 되는 나라를 말합니다. 부여와 고구려 모두 다섯 개의 부족으로 나뉘어 있었는데 그중 가장 큰 부족에서 왕이 나왔죠. 부여의 경우 흉년처럼 나라의 재난이 생기면 신하가 왕을 죽이는 일도 있었습니다. 즉 연맹 왕국에서는 왕의 권력이 강하지 않았던 것이죠. 고구려는 산이 많은 곳에 있어 농사 짓기가 어려워 먹을 것이 항상 부족했습니다. 그래서 비옥한 땅을 얻기 위해 주변의 나라와 전쟁을 하며 영역을 키워갔습니다. 두 번째로는 부족 국가 형태의 옥저와 동예가 있습니다. 이들은 왕이 없고 족장이 자기 부족을 지배하는 형태였기에 조금 더 국가의 모습을 갖춘 고구려의 간섭을 많이 받았죠. 옥저와 동예는 강원도에 자리 잡고 있어 땅이 기름지고 곡식이 잘 자라 고구려는 항상 식량을 요구했습니다. 그러다 결국 고구려에게 멸망하고 말았죠. 세 번째로는 한반도 남쪽에 위치한 삼한입니다. 삼한은 여러 개의 작은 국가로 이루어진 나라였습니다. 삼한의 마한, 변한, 진한에는 고조선의 사람들이 한나라를 피해 내려왔고, 철기 문화를 전해 이를 바탕으로 철을 생산했죠. 그리고 철을 다른 나라에 수출하면서 성장했답니다.

2장 삼국 시대

삼국 시대 - ① 고구려의 건국

ㅈ ㅁ 의 비범한 탄생과 ㄱㄱㄹ 건국

① 자몽　② 주몽　③ 주목
① 고구려　② 금가루　③ 개기름

고구려의 건국 핵심 키워드
고대 국가, 동명성왕, 유리왕, 졸본에서 국내성으로 수도 천도

알을 깨고 태어난 주몽, 고구려를 건국하다!

대한민국의 양궁 실력은 전 세계에서 최고라는 사실 여러분도 잘 알고있죠? 왜 이렇게 우리나라 사람들은 활을 잘 쏘는 걸까요? 우리가 '고구려의 후예, 주몽의 후예'이기 때문이라고 말하곤 하죠. 고구려는 어떤 나라고, 주몽은 누구이고, 어떤 사람인지 궁금하지 않나요? 지금부터 주몽과 고구려에 대해 알아볼까요?

동부여의 왕 금와왕은 행차를 하다가 길에서 슬픈 표정을 짓고 있는 여인을 만나게 됩니다. 그 여인에게 왜 이리 슬픈 표정을 짓고 있는지 물어보니 이렇게 답했습니다. "저는 강의 신 하백의 딸 유화입니다. 천제의 아들 해모수와 사랑에 빠졌으나 아버지 허락 없이 사랑에 빠졌다며 저를 내쫓았습니다." 이를 딱하게 여긴 금와왕은 유화 부인을 궁으로 데리고 왔습니다. 이때 햇빛이 방안의 유화만 비추면 따라오는 게 아니겠어요? 유화가 아무리 피하려 해도 햇빛은 집요하게 쫓아왔죠. 그러다 갑자기 복통이 오더니 아이가 아닌 알을 낳았죠. 말도 안되는 일을 받아들이기 어려운 금와왕은 알을 길거리에 버리는데 짐승들이 먹지도 않고 밟지도 않았으며, 새들은 날아와 날개로 덮어주었어요. 심지어 왕이 쪼개려 해도 되지 않자 그제야 유화 부인에게 되돌려주었어요. 우여곡절 끝에 어미 곁으로 돌아와 알을 깨고 태어난 아이가 바로 주몽이었답니다. 주몽은 활을 잘 쏘는 사람이라는 뜻이죠. 알에서 태어난 비범한 출생과, 이름처럼 정말 활을 잘 쏘고 재능이 많았어요. 그런 주몽을 대소를 비롯한 많은 왕자들이 질투했습니다. 왕자들의 괴롭힘이 너무 심해지자 주몽은 결국 부여를 떠나기로 결심했어요. 험한 여정이었기에 아이를 임신하고 있던 부인 예씨를 두고 떠나게 됩니다. 그리고 곧 태어날 아이가 자신을 찾아올 수 있도록 증표를 남겼죠. 주몽은 자신을 따르는 신하들과 남쪽으로 향하고 있었어요. 하지만 주몽을 미워하던 대소 왕자는 주몽을 호락호락하게 보내주지 않았어요. 주몽의 발끝까지 따라와 공격하려고 했죠. 앞에는 강이 있고 뒤에는 대소 왕자의 군대가 있는 진퇴양난의 상황에서 주몽은 외쳤습니다. "나는 해모수의 아들이자 강의 신 하백의 손자이다! 내가 강을 건널 수 있도록 돕거라!" 그러자 정말 신기하게도 강의 물고기와 자라가 다리를 놓아줘 주몽은 강을 건널 수 있게 되었죠.

그렇게 주몽이 도착한 곳은 압록강 중류의 졸본 지역이었습니다. 그곳에서 주몽은 지혜와 힘이 있는 소서노라는 여인을 만났죠. 주몽은 소서노의 도움을 받아 힘을 합쳐 압록강 유역의 졸본에 고구려를 세웠습니다.

삼국 시대 - ② 백제의 건국

ㅇㅈ 의 선견지명, 한강 유역에 ㅂㅈ 건국

① 온조　② 우주　③ 영주
① 부자　② 백조　③ 백제

백제의 건국 핵심 키워드

동명성왕(주몽)의 셋째 아들, 위례성, 말갈 격퇴, 동예 동맹

정답 ① 주몽, ③ 백제

온조의 고구려인, 후손 유례성에 백제 건국

백제의 건국

평화로운 땅 한강에 백제를 건국하다!

　백제의 건국 이야기를 하기 위해서는 고구려 건국의 뒷이야기를 빼놓을 수 없답니다. 고구려의 첫 번째 왕 주몽은 소서노와 혼인하여 온조와 비류 두 아들을 얻었죠. 그리고 고구려가 안정될 즈음 부여에 놓고 온 예씨 부인의 아들 유리가 주몽을 찾아왔습니다. 부여에서 아비 없는 자식이라고 수모를 받던 유리는 아버지가 남긴 '일곱 모가 난 돌 위의 소나무 아래' 라는 문제를 풀고, 거기서 부러진 칼을 꺼내 고구려로 찾아왔던 것이죠. 그리고 주몽은 유리를 태자로 삼았습니다. 고구려 건국 과정에 결정적인 역할을 했던 소서노와 아들 비류와 온조의 마음은 어땠을까요? 비류와 온조는 당연히 주몽을 이어 자기들이 고구려를 다스릴 것으로 생각하고 있었는데 말이죠. 비류와 온조는 당혹스러운 마음을 뒤로하고 고구려를 떠나 다른 곳에서 나라를 세우기로 결심했죠. 여러분이라면 이런 선택을 할 수 있나요? 이런 용감한 선택을 주몽은 적극적으로 지지해 주었습니다. "남쪽으로 내려가 너희들만의 나라를 세우거라!" 라고 말이죠.

　비류와 온조는 고구려를 떠나 남쪽으로 내려갔어요. 그 과정이

순탄하지만은 않았습니다. 지방 곳곳의 작은 나라 군사들을 만나 공격을 받기도 하고, 춥고 배고픔의 연속이었죠. 그러다 비류와 온조는 지금의 한강 유역에 도착하게 되었습니다. 그리고 그곳이 마음에 들었어요. 강 건너편에는 넓은 들이 있고, 그 들을 둘러싸고 있는 산도 있었죠. 기름진 땅과 풍부한 물과 바람을 막아주는 산, 이보다 좋은 곳은 없다고 생각했습니다. 온조는 형 비류에게 이곳에 나라를 세우자고 이야기했죠. 하지만 비류의 생각은 달랐습니다. 바다가 보이는 넓은 땅에 나라를 세우고 싶어 했죠. 이에 온조와 비류는 각자의 생각을 존중하기로 했습니다. 비류는 넓은 바다가 있는 미추홀(지금의 인천)로 떠났습니다. 그리고 온조는 한강 유역에 위례성을 쌓고 '십제'라는 이름으로 나라를 세웠죠. 예상한 대로 그곳은 농사 짓기에 더없이 좋은 환경이었고 백성들과 한마음 한뜻으로 나라를 점점 크게 성장시켜 갔습니다. 그럼 비류는 어떻게 되었을까요? 미추홀은 바다 때문에 너무 습하였고 물이 짜서 농사 짓기가 쉽지 않았죠. 비류는 시름시름 앓다 결국 병에 걸려 죽고 말았고, 비류의 백성들은 온조를 찾아갔습니다. 온조는 비류의 백성들을 넓은 마음으로 품어주었고, 더 많은 백성과 함께하게 되었습니다. 이에 '십제'라는 이름을 '백제'로 고치고 나라의 기반을 탄탄하게 하고 세력을 확장해 나갔답니다.

삼국 시대 - ③ 신라와 가야의 건국

신비로운 탄생의
ㅅㄹ와 ㄱㅇ

① 신라 ② 소라 ③ 수라
① 고요 ② 가야 ③ 구유

신라와 가야의 건국 `핵심 키워드`

가야 : 민며느리제, 빈민 구제 진대법, 덩이쇠를 화폐로 사용,
신라-백제-고구려-가야 순으로 건국

신라와 가야의 탄생 이야기

고조선이 멸망하고 난 후 한반도에 여러 나라들이 생겨났던 것 기억하나요? 삼한이라는 나라가 있었죠. 삼한 중 진한의 경주 지방에는 여섯 마을이 있었어요. 여섯 마을의 촌장들은 나라의 필요성을 느끼고 나라를 세우자고 뜻을 모았죠. 나라를 세우기 위해선 지혜로운 임금이 있어야 하니 여섯 명의 촌장은 임금을 찾기 위해 이곳저곳 다녔어요.

그러던 중 우물가에서 무릎을 꿇고 울고 있는 흰말을 발견했어요. 흰말이 울고 있는 것이 의아해 가까이 다가가니 흰말은 더 크게 울면서 하늘로 날아가 버리는 게 아니겠어요? 흰말이 날아가고 난 자리에는 자줏빛 알이 있었죠. 여섯 명의 촌장이 자줏빛 알을 조심스럽게 톡 건드리자 쩌억하는 소리와 함께 알 껍데기가 갈라지면서 사내아이가 나왔어요. 촌장들은 알에서 태어난 사내아이를 하늘에서 보내준 임금으로 여겨 그의 이름을 '혁거세'라고 지었어요. 혁거세란, 세상을 밝게 한다는 뜻이에요. 박처럼 생긴 알에서 나왔으니 성은 박 씨가 되었어요. 알에서 나온 박혁거세는 촌장들 손에서 건강하고 지혜롭게 무럭무럭 자라 나라를 세우고 임금이 되었죠. 나라의 이름은 '서라벌'이라고 지었어요. 서라벌은 신라의 옛 이름이랍니다. 그럼 언제 신라라는 이름으로 바뀐 걸까요? 신라 22대 왕 지증왕 때 이르러 나라 이름을 서라벌에서 신라로 바꾸었고, 왕의 칭호도 마립간에서 왕으로 고쳤어요.

　삼국 시대라고 하면 고구려, 백제, 신라이죠. 하지만 그 당시 백제와 신라 사이에 '가야'라는 작은 나라가 있었답니다. 김해 지역에 아홉 부족이 함께 살고 있었어요. 함께 제사를 지내던 중 하늘에서 큰 목소리가 들려왔어요. "가장 높은 산봉우리의 흙을 파 모으면서 거북 노래를 부르며 춤을 추거라. 그러면 왕을 만날 수 있을 것이다." 사람들은 하늘의 목소리가 시키는 대로 했고, 얼마 지나지 않아 하늘에서 커다란 황금 상자가 내려왔어요. 그 안에는 여섯 개의 황금알이 있었죠. 며칠 후 여섯 개의 황금알은 건장한 청년들로 변해 있었고, 그 중 가장 용모가 뛰어난 청년이 사람들에게 말했죠. "하늘의 명을 받들어 이 땅을 다스리기 위해 내려왔다!" 이 청년이 바로 김수로왕이고, 가야라는 나라를 세우게 되었답니다. 하지만 사국 시대가 아닌 삼국 시대라고 하는 이유는 가야가 강력한 국가로 발전하지 못했기 때문이에요. 낙동강을 낀 기름진 땅에서 나는 많은 식량과 철기 문화를 꽃피웠지만 왕의 권력이 강한 '중앙 집권 국가'로 발전하지 못한 채 신라에 병합되었어요.

삼국 시대 - ④ 삼국의 전성기

ㅎ ㄱ 을 차지하라!
삼국의 전성기

① 한강   ② 호구   ③ 해골

삼국의 전성기 `핵심 키워드`

한강 차지 순서는 백제(근초고왕)-고구려(장수왕)-신라(진흥왕) 순. 한강을 차지한 나라 외 두 나라는 꼭 동맹 맺음.

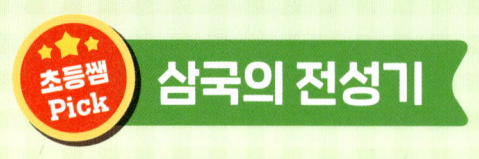

삼국의 전성기

한강을 차지하기 위한 삼국의 대격돌!

사람이나 나라 모두 각자의 전성기가 있듯 고구려, 백제, 신라도 각각 전성기를 맞는 순간이 있었어요. 삼국 시대 전성기의 기준은 바로 한강입니다. 나라를 세워 세력을 확장하다 보니 한강이 정말 좋은 위치라는 걸 깨닫게 된 것입니다. 한강은 한반도의 중간에 위치하여 삼국 통일의 주도권을 잡을 수 있죠. 또 땅이 비옥하여 농사가 잘되고, 강을 이용하여 배를 띄워 물건을 빠르게 운송할 수 있다는 장점까지 있었죠. 가장 먼저 한강 유역을 차지한 나라는 바로 백제입니다. 온조의 안목으로 백제는 한강 유역을 도읍으로 삼았죠. 그리고 이를 바탕으로 성장한 백제는 근초고왕 시기에 전성기를 맞게 됩니다. 근초고왕은 영토를 전라도 남쪽 바닷가까지 확장했어요. 북쪽으로는 고구려의 평양성을 공격하였고, 이때 고구려의 고국원왕이 전사했어요. 그리고 한강을 통해 중국, 왜(지금의 일본) 등과 활발한 교류를 하였죠. 두 번째로 한강 유역을 차지한 나라는 바로 고구려입니다. 고구려는 용맹하고 힘이 세기로 유명한 나라죠? 백제의 활약을 두고 볼 수 없었던 광개토대왕은 백제를 공격하여 한강의 북쪽을 차지하게 됩니다. 그리고 중국과 전쟁하여 옛 고조선의 땅을 되찾고, 부여와 말갈 지역까지 땅을 넓혔죠. 광개토대왕은 이처럼 우리나라 역사상 가장 넓은 땅을 정복한 임금이죠. 광개토대왕에 이어서 그의 아들 장수왕 시기에는 최전성기를 맞이하게 됩니다. 장수왕은 백제를 공격하여 당시 백제의 위례성을 무너뜨리고 나머지 한강의 남쪽을 차지합니다. 광개토대왕이 차지했던 북쪽의 땅부터 장수왕이 차지한 한반도 중부 지역까지 고구려는 엄청난 전성기를 맞게 됩니다. 마지막으로 전성기를 맞은 나라는 바로 신라입니다. 신라의 진흥왕은 화랑도를 통해 인재와 군사를 기르기 시작했고, 백제와 동맹을 맺게됩니다. 힘을 합친 백제와 신라는 고구려를 몰아내고 한강 유역을 차지했답니다. 하지만 진흥왕은 백제와의 동맹을 깨고 한강 유역 모두를 차지했죠. 그리고 신라의 옆에 있던 대가야도 정복하며 신라의 힘이 막강해지기 시작했어요.

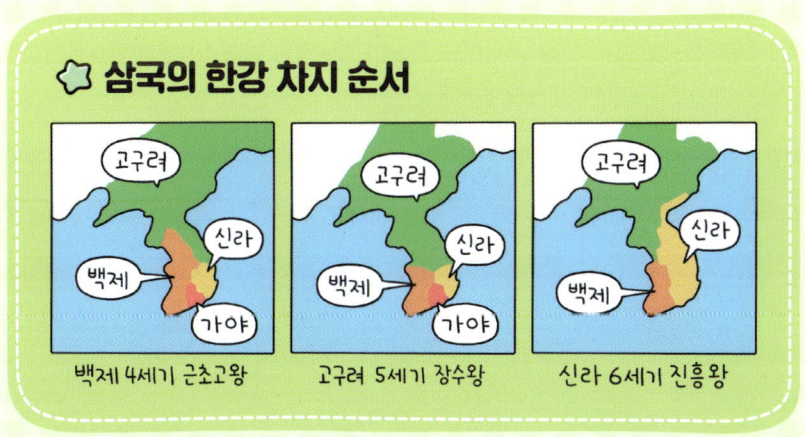

삼국의 한강 차지 순서

백제 4세기 근초고왕 | 고구려 5세기 장수왕 | 신라 6세기 진흥왕

삼국 시대 - ⑤ 신라의 삼국 통일 과정

기나긴 전쟁의 끝,   삼국을 통일하다!

① 소라　② 삼라　③ 신라

신라의 삼국 통일 과정 핵심 키워드
삼국의 전성기: 4세기-백제, 5세기-고구려, 6세기-신라, 7세기-신라의 삼국통일

신라의 삼국 통일 과정

당나라를 몰아내라! 신라의 삼국 통일

　전성기 이후 삼국은 어떤 관계와 힘의 대립을 두고 있었을까요? 백제는 약속을 깨고 한강 유역 모두를 차지한 신라가 너무 미웠답니다. 약속을 지키지 않았고 그 전투에서 백제의 성왕은 목숨까지 잃었기 때문이죠. 그래서 백제는 계속해서 신라를 공격했어요. 이에 위기를 느낀 신라의 김춘추는 고구려의 연개소문에게 도움을 요청했어요. 그 당시 고구려는 당나라와 전쟁을 하고 있었어요. 하지만 고구려도 신라에 영토 일부를 빼앗겼기 때문에 순순히 도와줄 리가 없었죠. 결국 김춘추는 고구려 감옥에 갇히게 되었죠. 그러나 김춘추는 가만히 당하고 있지 않았어요. 머리를 써서 이렇게 말했죠. "저를 다시 신라로 보내주십시오. 그럼 폐하를 설득하여 옛 고구려 영토를 돌려 드리도록 하겠습니다!" 김춘추는 정말로 그렇게 할 생각이었을까요? 임기응변으로 김춘추는 위기에서 벗어나 다시 신라로 돌아가게 됩니다. 고구려의 거절로 다시 위기에 처한 신라는 당나라에 백제를 물리칠 수 있도록 도와달라고 했죠. 당나라는 고구려와의 오래된 전쟁에서 큰 피해를 보고 결국 안시성 싸움에서 패했죠. 또 고구려가 수나라, 당나라를 막기 위해 쌓은 산성으로 한반도에 침략하기가 더 어려워진 상황이었어요. 이에 당나라는 신라를 이용해서 고구려뿐 아니라 한반도 전체를 차지할 야심을 품게 됩니다. 하지만 신라에게 이러한 속마음을 숨기고 백제는 신라가 차지하고, 고구려는 당나라가 차지하기로 약속한 뒤 신라와 당나라는 손을 잡았죠. 그렇게 가장 먼저 백제를 공격했고, 그 전투가 바로 황산벌 전투랍니다. 백제 계백의 군사는 황산벌에서 치열한 전투를 했지만 결국 패했고, 도읍인 사비(부여)를 빼앗기고 백제는 멸망하게 되었죠. 신라와 당이 두 번째로 공격한 나라는 고구려였습니다. 고구려는 당시 수, 당나라와의 오래된 전쟁으로 국력이 많이 약해진 상태였어요. 하지만 고구려는 잘 막아냈죠. 그러다 고구려의 연개소문이 죽으면서 고구려 내부에 분열이 생기게 되고, 이를 틈타 신라와 당은 다시 한번 고구려의 평양성을 공격하고 결국 고구려는 멸망하게 됩니다. 신라와 당나라는 원래 약속대로 신라가 백제를, 당나라가 고구려를 차지했을까요? 당나라는 원래 품고 있던 야심을 드러냈어요. 한반도 전체를 차지하고자 하는 마음을 말이죠. 결국 신라는 당나라와 전쟁을 해야 했어요. 신라와 고구려, 백제의 유민들은 힘을 합쳐 매소성과 기벌포에서 당나라군을 물리치면서 당나라를 한반도에서 몰아내었죠. 그리고 마침내 676년, 신라는 삼국 통일을 이루게 됩니다.

3장 남북국 시대와 후삼국 시대

남북국 시대와 후삼국 시대 - ① 통일신라의 발전

ㅅㅁㅇ!
통일신라의 기틀을 잡다!

① 산만왕　② 신문왕　③ 소망왕

통일신라의 발전 핵심 키워드
중앙 집권 왕권 강화, 국학으로 인재 양성, 9주 5소경 지방 통치

평화로운 나라를 위한 신문왕의 노력

  누구나 꽃이 피는 시기는 다르기 때문에 꽃이 늦게 핀다고 좌절하지 않고, 꾸준히 노력하다 보면 끝내 예쁜 꽃을 피우게 된다는 말이 있습니다. 그 말처럼 삼국 중 가장 늦게 발전했고 힘이 약했던 신라가 삼국을 통일하게 되었습니다. 통일 후 신라는 어떤 모습이었을까요? 삼국 통일을 이룬 문무왕은 수도 서라벌(경주)에 감은사를 짓기 시작했어요. 통일 과정에서 많은 고통을 겪은 백성을 위로하고, 앞으로의 희망찬 미래를 바라는 마음으로 사찰을 지었죠. 1500여 년이라는 시간이 지난 지금도 그 굳건한 마음을 담아서인지 감은사의 삼층석탑은 여전히 든든하게 그 자리를 지키고 있습니다. 문무왕을 이어 왕위를 물려받은 신문왕은 왕권을 강화하기 위한 정책을 내세웠어요. 삼국을 통일하고 하나의 큰 나라가 세워진 상황은 왕과 귀족의 갈등을 불러일으키죠. 통일에 공을 세운 신하들은 왕에게 반발하며 자기 몫을 챙기려 했고, 왕은 커진 신하들의 세력을 견제하려고 세력 다툼이 일어나는 것이에요. 이런 세력 다툼은 나라를 안정시킬 수 없어요. 그래서 신문왕은 왕권을 강화하기 위해 여러 정책을 펼쳤답니다. 첫 번째로 유교

사상을 배우는 교육 기관을 설치하게 됩니다. 신라는 불교 국가인데 유교를 교육한 이유가 무엇일까요? 유교는 '충'을 강조한답니다. 임금에게 충성을 다하는 것이 유학의 기본이죠. 이에 신문왕은 '국학'이라는 교육 기관에서 자라나는 귀족의 자제들에게 충을 가르쳐 왕에게 충성을 다하도록 한 것이죠. 두 번째로는 귀족들이 받는 세금을 줄였어요. 신문왕 이전까지는 나라를 위해 일하는 관료들에게 일의 대가로 논과 밭을 제공해 주었어요. 귀족 관료들은 논과 밭에서 나오는 곡물 또는 돈을 세금으로 걷었고, 이뿐 아니라 그 지역의 백성들에게 자기들이 필요할 때 일을 시킬 수 있었죠. 이는 귀족들의 경제적인 기반을 만들어 주었기에 신문왕은 관료전을 지급하여 귀족들이 걷어가는 세금의 양을 대폭 줄여 왕권을 강화했어요. 그리고 마지막으로는 행정 구역을 다시 만들었답니다. 행정 구역이란, 하나의 국가를 효과적으로 운영하기 위해 나눈 것을 말해요. 신문왕은 전국을 9주 5소경으로 나누었어요. '소경'이란 작은 경주를 의미해요. 당시 수도인 경주가 동남쪽에 치우쳐 있다 보니 과거 고구려, 백제에 속한 땅을 다스리기가 어려웠던 것이죠. 그래서 다섯 개의 작은 경주를 전국 곳곳에 설치하여 효과적으로 통치하려고 했던 것입니다. 이러한 신문왕의 노력으로 왕권은 강화되었고, 경덕왕 시기에 통일신라의 전성기를 맞이하게 됩니다.

남북국 시대와 후삼국 시대 - ② 발해의 건국과 발전

고구려를 계승한 강력한 나라,

① 발해　② 부하　③ 박학

발해의 건국 `핵심 키워드`
해동성국, 5경15부62주, 흑수말갈, 고구려 계승, 벽돌 무덤

이대로 끝낼 수 없다, 해동성국!

 신라가 676년 삼국을 통일한 이후 멸망한 고구려 유민들의 삶은 어땠을까요? 고구려가 멸망한 뒤 옛 땅인 대동강의 북쪽과 요동 지방은 당나라의 지배를 받았어요. 이에 맞서 고구려를 다시 세우려는 운동이 일어났지만 당시 왕족을 비롯해 많은 사람이 당나라로 끌려갔죠. 이때 당나라에 끌려온 한 인물이 있었으니 바로 고구려의 장군 대조영이랍니다. 그는 현실에 순응하지 않고 함께 끌려온 고구려 유민들과 말갈족을 이끌고 반란을 일으켜 당나라를 탈출했어요. 그러고는 고구려의 옛 땅이었던 동모산에 성을 쌓고 698년 '진국'이란 나라를 세웠죠. 진국은 용맹했고 나날이 힘을 키워 고구려의 옛땅을 차례차례 되찾으며 영역을 넓혔어요. 진국을 만만하게 보던 당나라는 그들의 힘에 당황했어요. 이에 대조영을 '발해군왕'이라고 부르며 화해를 청했고, 대조영은 나라 이름을 발해로 고쳤죠. 한반도 남쪽에는 통일신라, 북쪽에는 발해가 있다하여 이 시대를 '남북국 시대'라고 부릅니다. 대조영이 죽고 난 후 대조영의 아들 무왕은 발해의 영토를 넓혀 강한 나라를 만드는 데 집중했어요. 이런 과정에서 당나라와 통일신라의 견제를 받았죠. 무왕 이후 문왕은 나라의 힘뿐 아니라 나라의 안정에 힘 썼어요. 당나라 및 통일신라와 평화로운 관계를 맺고, 나라의 기틀을 잡는 데 필요한 여러 가지 제도를 만들었죠. 하지만 문왕이 죽은 후 발해는 위기를 맞이하게 됩니다. 권력 다툼으로 25년 동안 왕이 계속해서 바뀌었어요. 그러나 이후 즉위한 성왕 때 재정비해 강한 나라를 만들었어요. 그렇게 발해는 성왕 시기에 전성기를 맞이하게 됩니다. 성왕은 고구려와 부여의 옛 영토를 대부분 회복했고, 발해 역사상 가장 넓은 영토를 차지했어요. 이에 당나라는 발해를 '바다 동쪽에 세력이 왕성한 나라'라 하여 '해동성국'이라고 불렀습니다. 발해는 이런 넓은 땅을 잘 다스리기 위해 교통을 발달시키려고 노력했죠. 당시 모든 길은 발해의 수도 상경과 이어졌고, 교통의 발달 덕분에 상경에는 없는 물건이 없었어요. 넓은 영토와 활발한 무역 활동으로 발해는 번창했지만 9세기 말부터는 세력이 약해졌어요. 바로 귀족들의 내부 세력 다툼 때문이었죠. 안에서 다툼이 있는 나라는 절대로 강할 수가 없답니다. 이때를 틈타 당나라 북쪽에 있던 거란은 발해를 공격했어요. 힘이 약해져 있던 발해는 거란의 침입을 막지 못하고, 결국 926년에 멸망하게 되었습니다. 발해는 비록 220여 년 만에 사라졌지만 고구려의 멸망으로 잃어버렸던 만주 땅에서 우리 역사의 맥을 이은 나라입니다.

남북국 시대와 후삼국 시대 – ③ 신라 말기와 후삼국

신라의 위기와 다시 나누어진 ㅎ ㅅ ㄱ 시대

① 후삼국   ② 하삼국   ③ 후수국

신라 말기와 후삼국 **핵심 키워드**

후백제 : 견훤, **후고구려** : 궁예 → 왕건,
통일 과정 : 신라 항복 → 후백제 멸망

신라 말기와 후삼국 시대

신라 말기 정치적 위기와 후삼국 시대 성립

통일신라는 전성기 이후 어떤 모습을 맞이했을까요? 인생은 롤러코스터처럼 승승장구할 때가 있다면 끝없이 추락할 때가 있어요. 이와 마찬가지로 국가도 흥망성쇠가 있답니다. 신문왕의 여러 정책 덕분에 왕권이 강화되고 나라가 안정되어 경덕왕 시기에 전성기를 맞이했다면 내리막길처럼 내려가는 시기도 있기 마련이랍니다. 경덕왕의 아들 혜공왕 시기가 바로 통일신라의 내리막이랍니다. 여덟 살이라는 어린 나이에 왕의 자리에 오른 혜공왕은 무성한 소문에 힘들어했답니다. "여자가 될 사람이 남자가 되었기에 여자들이 하는 놀이와 옷 꾸미기를 좋아한다." 라는 소문이었죠. 왕권이 점차 약해지면서 움츠리고 있던 귀족들이 하나둘씩 힘을 내세우며 권력 다툼을 시작했어요. 그 결과 혜공왕은 피살되고 신라는 정치적으로 큰 위기를 맞이하게 되었죠. 나라의 중앙이 힘을 잃으니 지방을 통제할 힘도 사라지는 건 당연한 일이었어요. 그러면서 지방에서는 '호족'이라는 세력이 힘을 키우기 시작했습니다. 호족이란 쉽게 말해 지방의 귀족, 가장 힘이 센 세력을 말해요. 지방에서 막대한 경제력과 군사력을 가지고 있기 때문이죠.

나라가 흔들리는 틈을 타 호족 중 가장 강력한 힘을 가지고 있던 견훤, 궁예는 그들만의 나라를 건국하려고 했죠. 견훤은 완산주 지역(오늘날 전라북도 전주)에 백제를 계승해 후백제를 세우고, 궁예는 송악(오늘날 개성)에 고구려를 계승해 후고구려를 세우게 됩니다. 이 시기를 후삼국 시대라고 합니다. 먼저 후백제를 살펴볼까요? 처음에는 후삼국 중 견훤의 후백제가 가장 세력이 강했습니다. 견훤은 막강한 군사력으로 계속해서 신라를 공격했어요. 여러 성을 함락시키고 수도 경주까지 공격했죠. 당시 신라의 왕이었던 경애왕을 자결시키고 무작위로 사람을 선별해 왕위에 앉혔어요. 그가 바로 신라의 마지막 왕 경순왕이랍니다. 견훤이 택한 사람으로 왕을 앉혔다는 건 자기 손바닥 위에 신라를 놓겠다는 뜻이었죠.

 궁예의 후고구려는 어땠을까요? 궁예는 스스로를 미륵불이라고 칭하였어요. 석가모니에 이어 백성을 살릴 부처라는 것이죠. 또 관심법으로 다른 사람의 마음을 읽을 수 있다고 믿었어요. 관심법을 내세워 자기에게 나쁜 마음을 먹었다며 억울한 사람들을 가차 없이 죽였어요. 막무가내식 독재 정치로 신하와 백성들은 더 이상 궁예를 믿지 않았고 등을 돌렸죠. 위기의 통일신라, 승승장구하는 후백제, 독재 정치로 위기를 맞은 후고구려! 후삼국 시대는 어떤 변화를 맞이하게 될까요?

4장
고려 시대

고려 시대 - ① 고려의 건국과 후삼국 통일

고려 ㅇ ㄱ
분열됐던 한반도를 통일하다

① 왕권   ② 왕건   ③ 왕국

고려의 건국 `핵심 키워드`
태조 왕건, 신라의 마지막 왕 경순왕과 항복에 반대한 마의태자, 코리아의 기원

고려의 건국과 후삼국 통일

지혜로운 왕건과 통일된 한반도

고려의 건국을 이야기하기 위해서는 왕건이라는 인물을 알아야 합니다. 왕건의 아버지는 지방 호족으로 궁예에게 충성을 다하며 지방 장관이 되었어요. 왕건도 아버지를 따라 궁예의 신하가 되어 장군으로서 전쟁터에 나가 여러 번의 승리로 신임과 총애를 얻었죠. 강인한 무술 실력뿐 아니라 왕건은 총명했답니다. 궁예의 관심법 기억하나요? 궁예는 관심법을 들이밀며 왕건을 시험했어요. "나의 관심법으로 말하니 왕건 너는 반역을 꾀하여 나를 몰아내려고 하였다!" 여러분이라면 어떤 대답을 할 것인가요? 반역을 꾀하지 않아 억울하다고 할 것인가요? 왕건은 놀랍게도 궁예의 말이 옳다며 반역을 꾀하였다고 무릎을 꿇었죠. 궁예는 자기 말에 반박하지 않고 정직하게 말한 왕건을 크게 칭찬했어요. 금은으로 장식한 고삐와 안장을 선물로 하사하면서까지 말이죠. 반역을 꾀하였다고 하였는데 칭찬하다니 정말 의아하죠? 이후 궁예의 막무가내식 독재 정치는 극에 달하였고, 백성들과 신하들 모두 궁예에게 등을 돌렸죠. 왕건은 계속해서 악행을 일삼는 궁예를 몰아냈고, 궁예는 왕위에서 쫓겨나 산속을 헤매다 백성들에게 발견되어 처참한 죽임을 당하였어요. 왕건은 왕위에 올랐고 918년 고려를 건국하였답니다.

그럼 여기서 잠깐! 승승장구하던 후백제는 어떻게 되었을까요? 신라까지 정복했던 후백제 견훤은 왕건 군대와의 전쟁에서도 승리하며 기세가 꺾일 줄 몰랐죠. 하지만 견훤은 뜻밖의 상황에서 위기를 맞게 됩니다. 견훤은 왕위를 넷째 아들에게 물려주려고 하였는데 이에 불만을 가진 다른 세 명의 아들이 아버지 견훤을 금산사에 가둬버린 것이죠. 아무리 강한 나라라도 내부의 균열이 있다면 그 끝은 좋을 수가 없답니다. 견훤은 겨우 도망쳐 도움을 받으러 갔습니다. 누구에게 갔을까요? 바로 왕건이었어요. 견훤의 이런 소식은 전국 곳곳으로 퍼져갔어요. 그리고 신라 경순왕의 귀에까지 들어가게 되었죠. '고려의 힘이 이렇게나 커지고 있다니 여기서 고려에게 공격을 당했다가는 큰일나겠어.' 하며 고려에 백기를 들어 올렸죠. 찬란했던 통일신라는 결국 935년 멸망하였어요. 다시 견훤과 왕건의 이야기로 돌아와 볼까요? 왕건은 적이었던 견훤을 받아주었을까요? 지혜롭던 왕건은 견훤을 받아주고, 견훤과 합심하여 후백제를 공격하였어요. 10만 대군의 기세에 눌린 후백제는 936년 멸망하였답니다. 그렇게 왕건은 분열되었던 한반도를 고구려를 계승한다는 '고려'라는 이름으로 다시 통일하였습니다.

고려 시대 - ② 고려의 왕권 강화 과정

호족의 힘을 낮춰라!
ㄴㅂㅇㄱㅂ과 ㄱㄱㅈ

① 노비안검법　② 노비용감법　③ 노비안구법
① 과거제　② 고과제　③ 교과제

고려 초기 `핵심 키워드`

중국에서 귀화한 쌍기의 건의로 과거 제도 시행, 불법 노비 양인으로 해방시켜 경제 군사적 기반 확보, 독자 연호 사용, 백관 공복 제정, 불교 장려

고려의 왕권을 단단하게 만들다!

고려는 후삼국을 통일하고 발해 유민을 흡수해 실질적으로 한반도의 하나뿐인 통일 국가가 되었어요. 나라를 안정시키기 위해 태조 왕건은 29명의 부인과 혼인을 하였답니다. '나라를 안정시키는 일이랑 부인이 많은 것과 무슨 상관이죠?' 충분히 의구심이 들 수 있어요. 통일신라 말에 등장했던 '호족' 기억하나요? 호족은 지방 세력으로 땅과 군사력까지 가지고 있어 그 지역에서는 왕보다 영향력이 더 컸어요. 후삼국을 세웠던 견훤, 궁예, 그리고 고려를 건국한 왕건 모두 호족 출신이었죠. 여러 호족은 왕건이 고려를 건국하는 데 많은 도움을 주었어요. 그러나 막상 고려를 건국하고 나니 지방에 자리 잡고 있는 이 호족들이 신경 쓰였어요. 호족들이 왕건을 몰아내기로 결심하면 고려가 흔들리는 것은 시간 문제였기 때문이에요. 그래서 태조 왕건이 생각해 낸 방법이 바로 '혼인 정책'이었어요. 호족의 딸들과 결혼함으로써 호족을 적이 아닌 가족으로 만드는 것이죠. 호족의 입장에서도 딸이 왕의 부인이 되면 세력이 더 강력해질 것이니 거부할 이유가 없었어요. 그렇게 호족의 딸들과 혼인하다 보니 결국 부인이 29명이 되었답니다. 하지만 이 혼인 정책, 시간이 흐르고 문제가 없었을까요?

 태조 왕건이 죽고 나서 누가 왕위를 물려받아야 하는지를 두고 호족 사이에 다툼이 크게 일어나 나라가 혼란스러웠고, 견제해야 하는 호족 세력의 힘이 줄어들지 않고 더 강화되고 말았어요. 이에 고려의 4대 임금 광종은 호족들의 세력을 약화할 수 있는 정책들을 내세우게 됩니다. 첫 번째 '노비안검법'입니다. 노비안검법이란, 호족들이 불법적으로 소유하고 있던 노비들을 검사해 원래 양민이었던 노비는 양민으로 신분을 바꿔주는 제도랍니다. 지방 호족에게 세금을 내지 못해 원래는 양민이었으나 불법적으로 노비가 된 경우였어요. 이 정책은 호족들의 엄청난 반대에 부딪혔어요. 당시 사람의 노동력은 재산이었고 힘의 근원이었기 때문이죠. 하지만 광종은 이를 무시하고 밀어붙였어요. 노비안검법을 통해 호족들의 경제력 일부를 약화하는 데 성공했답니다. 하지만 나라의 주요 관직은 호족들과 그들의 자식, 친척이 장악하고 있었어요. 이는 왕권을 강화하는 데 큰 걸림돌이었죠. 그래서 광종은 '과거제'를 실시하였어요. 과거제란, 관리를 뽑는 시험을 말한답니다. 공정하게 시험을 치러 실력이 출중하고 왕에게 충성을 다할 수 있는 인재를 뽑도록 하였어요. 광종의 노비안검법과 과거제를 통해 왕권은 강화되었고 나라가 안정화될 수 있었답니다.

고려 시대 - ③ 북방 민족의 침입과 극복

끈질긴 ㄱㄹ과 ㅇㅈ의 공격

① 구리   ② 거란   ③ 구라
① 여진   ② 여주   ③ 야자

고려의 북진 핵심 키워드

거란 1차–서희 담판, 강동 6주. 거란 2·3차–양규와 강감찬의 귀주대첩, 여진–윤관의 별무반, 동북 9성

강동 6주와 귀주대첩, 그리고 동북 9성

고려는 북방 민족과 사이가 좋지 않았어요. 북방 민족이란 북쪽 지역에 있는 거란, 여진을 말해요. 태조 왕건은 옛 고구려의 영토를 되찾기 위해 북쪽으로 영토를 넓히는 북진 정책을 펼쳤고, 그 과정에서 고려와 거란은 계속해서 부딪혔죠. 거란은 자꾸만 북쪽을 공격하는 고려가 거슬렸어요. 고려도 발해를 멸망시켰던 거란에 적대감이 있었죠. 반면 고려는 송나라와는 사이가 좋았어요. 그들과 많은 물건을 주고받으며 좋은 관계를 유지했어요. 거란은 그런 고려를 가만히 두지 않았죠. 거란은 송나라와 관계를 끊을 것, 고구려의 옛땅을 거란에게 줄 것을 요구하며 고려를 공격했어요. 그것이 바로 거란의 1차 침입입니다. 고려의 왕과 신하들은 이 일을 어떻게 해결하면 좋을지 의논했어요. 거란의 요구를 들어주자는 의견과 거란과 싸우자는 의견이 팽팽히 대립했죠. 그러던 중 신하 서희는 다른 의견을 내세웠어요. "거란은 송과의 전쟁을 위해 우리가 송과 관계를 끊고, 자기들과 좋은 관계를 맺길 원하는 것입니다. 이것은 기회가 될 수 있습니다." 서희는 거란의 장수 소손녕과 담판을 벌여 송과의 관계를 끊고, 거란과 좋은 관계를 맺을 것을 약속한 뒤 아무런 싸움 없이 거란을 되돌려 보냈어요. 그리고 거란과의 교역을 위해 여진을 몰아내고 강동 6주에 성을 쌓아 영토를 더더욱 확장했죠. 나라가 평화롭다고 느낄 때쯤 거란은 2차로 고려를 공격했어요. 뒤늦게 강동 6주의 중요성을 깨달았기 때문이었어요. 수도 개경이 함락될 정도로 큰 피해가 있었지만 물러나는 거란군을 양규가 크게 물리쳤죠. 그 이후 거란은 칼을 갈고 닦아 3차로 고려를 공격했어요. 여진을 물리치면서 차지했던 강동 6주를 자신들에게 줄 것을 요구하면서 말이죠. 거란에 맞선 인물이 바로 강감찬 장군입니다. 강감찬 장군은 지형적 전술을 활용해서 초반에 거란군에게 큰 피해를 줬어요. 이에 피해를 입고 철수하는 거란군이 압록강 근처의 귀주에 도착하자 강감찬은 엄청난 병력으로 거란을 총공격하여 전멸시켰죠. 이것이 바로 그 유명한 귀주 대첩이랍니다. 이렇게 세 번에 걸친 거란의 끈질긴 공격에도 고려는 무너지지 않고 승리했죠. 침입에 대비하여 준비를 해두었고 고려의 군사와 백성이 힘을 모아 싸웠기 때문이에요. 평화가 찾아올 때쯤 고려에 공격받고 힘이 약해져 고려를 섬기던 나라 여진이 조금씩 조금씩 성장하고 있었어요. 주변의 나라들을 공격하여 세력을 넓혔던 것이죠. 여진은 계속해서 고려의 국경을 공격해 왔어요. 참지 못한 고려는 윤관과 별무반이라는 부대를 보냈고, 윤관과 별무반은 여진을 물리치는 데 성공했어요.

고려 시대 - ④ 몽골의 침략과 팔만대장경

고려의 보물, ㅂㅅ과 ㅍㅁㄷㅈㄱ

① 보석　② 부사　③ 백성
① 팔만대장경　② 패망대장경　③ 포만대장경

고려의 몽골 항쟁 `핵심 키워드`

무신 정권의 권력 다툼, 최충헌, 교정도감, 봉사10조, 도방, 최우, 서방, 삼별초, 강화 천도, 만적의 난, 다루가치

정답: 1. 몽골, 팔만대장경 ⓒ 뉴스 ① 팔만대장경판

 ## 몽골의 침략과 팔만대장경

몽골과의 30년 전쟁

　북방 민족의 끈질긴 공격을 버틴 고려는 무신 정변으로 나라가 시끌시끌했습니다. 그리고 나라가 안정될 때쯤 고려의 북쪽은 평화롭지 않았어요. 몽골이 여러 부족을 정복하고 '칭키즈 칸' 즉 황제 중의 황제라 칭하며 세력을 어마어마하게 키우고 있었던 거죠. 그리고 결국 몽골은 고려를 공격해 왔습니다. 몽골의 엄청난 공격으로 수도 개경은 많은 피해를 입었어요. 결국 무신 정변으로 권력을 잡은 최우의 제안으로 수도를 개경에서 강화도로 옮겼죠. 강화도는 섬이었기에 몽골군이 쉽게 공격해 오지 못할 거라고 판단했기 때문이에요. 그렇게 왕과 신하, 개경 사람들은 강화도로 떠났어요. 그러나 몽골군은 수도를 바꿨다는 것을 이유로 고려를 더 강하게 공격해 왔어요. 강화도로 옮겨간 왕과 신하들이 아니라 육지에 남은 백성들만 오롯이 몽골의 공격을 받아야 했죠. 거세게 공격하던 몽골군은 처인성에 도착했어요. 처인성에는 승려 김윤후와 백성들이 있었고 그들은 똘똘 뭉쳐 몽골군에게 반격했어요. 그리고 김윤후는 몽골군의 대장 살리타의 가슴에 활을 꽂아 전투를 승리로 이끌었답니다. 이후에도 몽골군은 30년 동안 고려를 공격해 왔어요. 30년 동안의 전쟁, 여러분이 백성이라면 어땠을까요? 나라를 위해 버티고 싸우며 고려를 지킬 수 있었을까요? 고려의 백성은 포기하지 않고 끈질기게 대항했고, 결국 몽골과 고려는 화해했죠. 고려의 백성들이 이렇게 포기하지 않을 수 있었던 이유는 나라를 지키고자 하는 간절함이고, 그 간절함을 보여주는 것이 바로 '팔만대장경'이랍니다. 몽골의 침입을 피해 강화도로 수도를 옮겼을 때 부처님의 힘으로 나라를 지키고자 하는 소망을 담아 16년에 걸쳐 만든 것이죠. 부처님의 말씀을 적은 나무판이 8만 장이 넘어 팔만대장경이라 부르며 글자 하나를 새길 때마다 간절한 마음을 담아 한 번씩 절을 하는 정성을 들여 완성했어요. 현재 우리 기술로 보기에도 팔만대장경은 놀라운 점이 많답니다. 나무를 조각해 글씨를 썼으나 그 글씨체는 완벽하고 너무 아름다우며, 글자 중에 틀린 글자가 거의 없죠. 또 많은 시간이 흘렀음에도 나무판이 뒤틀리거나 상하지 않고 잘 보존되어 있다는 것이에요. 팔만대장경이 보관되어 있는 장경판전은 현존하는 해인사 건물 중 가장 오래되었어요. 팔만대장경이 훼손되지 않도록 온도와 습도, 그리고 바람을 자동으로 조절할 수 있도록 설계된 곳이랍니다. 이러한 우수성으로 팔만대장경은 유네스코 세계 문화 유산으로 등재되었죠.

고려 시대 - ⑤ 위화도 회군과 무너지는 고려

새로운 태양,

① 조선　② 조신　③ 조성

위화도 회군 핵심 키워드
조선의 건국의 기초가 된 위화도 회군, 최영과 이성계, 명나라, 신진사대부의 등장

위화도 회군과 무너지는 고려

고려를 뒤흔드는 위화도 회군

고려 우왕 시기의 일이었습니다. 공민왕 때 홍건적과 왜구의 잦은 침략을 무찌르는 데 큰 공을 세운 최영과 이성계는 그 공을 인정받아 높은 자리에 올랐어요. 그 당시 중국에서 가장 강력한 명나라는 고려에게 과한 요구를 했죠. 그중 하나는 철령 이북 지방의 땅을 내놓으라는 거였어요. 이런 황당한 요구에 화가 난 최영은 이성계에게 요동 지방을 공격하러 가자고 했죠. 하지만 이성계는 그 생각에 반대했어요. 최영과 이성계가 다른 의견으로 충돌하고 있을 때 우왕은 이성계를 대장으로 임명하며 요동 지방을 정벌하고 오라 명령했죠. 임금의 명령이었기에 이성계는 군대를 이끌고 요동으로 떠났어요. 그러다 압록강에 있는 '위화도'라는 섬에 도착했을 때였어요. 장마로 불어난 강물이 어마어마했죠. 이성계는 여기서 무리해서 요동 지방으로 가도 상황이 좋아질 리 없다고 판단했고 우왕에게 돌아가겠다고 말했어요. 하지만 요동 지방 정벌을 찬성했던 우왕은 그 생각에 동의할 리 없었죠. 여러분이 이성계 장군이라면 이 상황에서 어떤 결정을 내릴 것인가요? 불어난 강물을 어떻게든 통과해 요동 정벌을 하러 가거나, 임금의 명을 어기고 돌아가는 거겠죠. 이성계는 자기 생각이 옳다 판단했어요. 군대를 설득하며 이렇게 말했죠. "명나라를 공격했다가는 우리 고려에게 안 좋은 일이 더 많이 생길 것이다. 그렇기에 요동 정벌을 주장했던 최영을 잡으러 가자!" 그러고는 군대를 돌려 수도 개경으로 돌아갔어요. 이 사건을 바로 '위화도 회군'이라고 합니다. 이미 많은 군대를 가지고 있던 이성계를 최영과 우왕은 막을 수 없었고 최영은 죽음을 맞이했답니다. 우왕도 왕위에서 쫓겨났고, 이성계는 자기 마음대로 주무를 수 있는 공양왕을 왕위에 앉혔어요. 위화도 회군으로 엄청난 권력을 손에 넣은 이성계는 개혁을 위한 움직임을 시작하였어요. 당시 고려의 내부 상황은 좋지 않았어요. 귀족들은 부패해 많은 땅들을 차지했고, 이로 인해 백성들은 가난과 배고픔에 시달렸죠. 왕은 힘이 약해 제 역할을 못하던 상황이었어요. 이러한 고려의 상황을 비판하고 토지 제도를 개혁하여 부패한 귀족들이 아닌 백성이 잘 먹고 잘 살게 해줘야 한다고 주장하며 등장한 사람들이 있었는데, 그들이 바로 '신진사대부'였어요. 이색, 정도전, 정몽주 등과 같은 신진사대부들은 정치의 중심이었죠. 신진사대부 정도전은 이성계와 생각이 같았고 손을 잡고 힘을 모았어요. 그렇게 찬란했지만, 흔들리던 고려의 474년 역사를 무너뜨리고 1392년 이성계는 왕위에 오르며 '조선'을 건국하였답니다.

5장
조선 시대

조선 시대 ① 태조 ㅇㅅㄱ 의 조선 건국

① 이성계 ② 이수근 ③ 우습군

조선의 건국 `핵심 키워드`
과전법(권문세족 토지 회수), 한양 천도, 정도전(조선경국전), 왕자의 난

이성계와 정도전의 조선 건국 과정

　위화도 회군으로 권력을 손에 넣은 이성계는 1392년 '조선'을 건국하였습니다. 그 당시 이성계와 손을 잡은 인물이 있었으니 바로 정도전입니다. 조선 건국에 정도전은 매우 중요한 인물이에요. 그는 나랏일을 하는 관리지 백성을 수탈하고 자기 이익만 추구하는 관리가 아니었죠. 고려 말 백성들이 힘들게 생활하는 모습을 보면서 정도전은 생각했어요. '백성이 중심이 되는 정치, 백성이 편안하게 살 수 있는 정치를 해야 한다' 고 말이죠. 그리고 이런 뜻이 같았던 이성계와 손을 잡고 개혁을 실행했어요. 이성계가 왕에 오르고 나서 처음에는 고려의 이름을 바꾸지 않았고, 수도의 위치도 바꾸지 않았죠. 하지만 새 나라에 걸맞은 이름이 필요해 고조선의 후손임을 나타내는 조선으로 나라 이름을 정했어요. 그리고 새롭게 정치를 펼칠 새로운 수도가 필요했죠. 고심 끝에 정도전의 의견을 적극 반영하여 '한양'을 수도로 정했어요. 지금의 서울이죠. 한양은 한반도 중심에 있기에 어느 곳으로도 쉽게 갈 수 있어 각 지방을 통치하기 수월했어요. 이뿐만 아니라 교통이 편리했고, 산으로 둘러싸여 외적을 방어할 수 있는 등 장점이 많은 곳이었어요. 삼국 시대 때 한강을 차지하기 위해 싸웠던 수많은 전쟁에서 한강의 중요성은 증명됐다고 할 수 있죠. 현재 서울에 있는 경복궁이 바로 조선 시대 때 첫 번째로 만든 조선 왕조의 궁궐이랍니다. 조선 왕들이 살았던 경복궁, 창덕궁 그리고 한양 도성을 둘러싸 외부로부터 보호하는 성곽이 있고, 한양 도성으로 들어올 수 있는 네 개의 문 흥인지문, 돈의문, 숭례문, 숙정문이 있죠. 이런 건축물의 이름과 위치를 정한 인물이 바로 정도전입니다. 조선의 유교 정신을 담아 이름을 붙였다고 해요. 조선의 밑그림을 그리는 데 정도전의 영향력이 얼마나 강했는지 알 수 있죠. 그러나 왕에게 많은 영향을 주고 있는 것은 그를 싫어하고 경계하는 인물도 그만큼 많다는 것을 뜻하죠. 1398년 정도전은 왕위를 두고 일어난 왕자들 사이의 싸움인 '왕자의 난'으로 그만 죽임을 당하게 되었어요.

✿ 정도전

고려 말과 조선 초의 유학자이자 혁명가이다. 호는 삼봉이다. 성리학에 기초한 중앙 집권적 관료제 국가 성립에 공헌했다. 왕자의 난 당시 훗날 태종이 될 이방원에게 죽임을 당했다.

조선 시대 ②
백성을 첫 번째로 생각한 임금, ㅅㅈㄷㅇ

① 세종대왕　② 수중대왕　③ 사자대왕

세종대왕 `핵심 키워드`

집현전 설치, 경연 제도, 훈민정음 창제, 장영실, 농사직설, 박연, 삼강행실도

세종대왕의 업적

백성을 사랑하는 성군, 세종대왕

조선의 제4대 왕 세종대왕, 조선의 역대 왕 중에 가장 유명하고 좋아하는 왕이죠. 세종대왕은 독서광이었다고 해요. 단순히 많은 양의 책을 읽는 것이 아니라 한 권의 책을 100번 읽고 100번 써서 자기 것으로 만들었다고 하죠. 그리고 다양한 지식을 훌륭한 인재들과 연구하고 나누고 싶어 했어요. 그래서 만든 것이 바로 집현전이랍니다. 집현전에서 함께 학문을 공부하고 백성을 위한 정책을 고민하며 훌륭한 인재들을 키워갔어요. 그리고 나라의 발전과 백성을 위해서는 신분도 가리지 않고 훌륭한 인재가 있다면 함께 했죠. 그 대표적 인물이 바로 '장영실'입니다. 장영실은 창의적이고 똑똑했지만 노비 출신이었어요. 하지만 세종은 장영실의 능력을 발견하고 신분을 뛰어넘어 그를 관리로 채용했죠. 많은 발명품이 있지만 물시계 '자격루'는 물의 양에 따라 적혀 있는 눈금을 읽어 시간을 측정하는 거예요. 세종 이전에도 물시계는 있었지만 불편한 점이 있었죠. 사람이 계속 옆에서 그 눈금을 읽고 직접 종을 쳐서 시간을 알려야 했어요. 장영실의 자격루에는 정해진 시간에 스스로 종을 울리는 장치가 있었어요. 성문을 여닫을 때, 궁궐의 호위병들이 교대할 때 자격루로 손쉽게 시간을 알 수 있었고 이는 임금에 대한 신뢰, 왕권 강화로까지 이어졌답니다. 세종은 이에 그치지 않았어요. 당시 백성들은 한자를 읽고 쓸 줄 몰랐어요. 그리고 이로 인해 억울한 일을 당하곤 했죠. 이에 세종대왕은 누구나 쉽게 배우고 쓸 수 있는 훈민정음을 만들었어요. 하지만 이를 추진하는 것은 쉽지 않았어요. 관리들은 중국과 다른 문자를 만들어 사용하는 것은 옳지 못하다고 생각했기 때문이에요. 많은 반대에도 불구하고 1443년 훈민정음을 창제했습니다. 훈민정음이란, 백성을 깨우치는 바른 소리라는 의미입니다. 그리고 아주 과학적인 글자로 평가되고 있죠. 적은 글자로도 거의 모든 소리를 표현할 수 있고, 누구나 배우기 쉽도록 체계적으로 만들어졌기 때문이에요. 이에 많은 백성들이 한글을 배울 수 있게 되었고, 비로소 자기 생각을 글로 써서 나타낼 수 있게 되었습니다. 세계의 문자 중 유일하게 언제, 누가 만들었는지 알려진 문자이자 백성을 생각하며 만든 글자가 바로 훈민정음입니다.

> **훈민정음**
>
> 세종대왕이 창제한 한글의 옛 이름이다. 훈민정음의 창제 원리와 사용법 등을 해설한 책의 제목이기도 하다. '백성을 가르치는 바른 소리'라는 의미로 28개의 낱자로 구성되었다.

조선 시대 ③
ㅅ ㅂ ㅈ ㄷ 로 알아보는
조선 시대 생활 모습

① 신분 제도　② 소분 제도　③ 사방 제도

조선 시대 신분 제도 핵심 키워드

양천제 – 양인(양반, 중인, 상인)과 천인으로 구분. 왕실-양반-중인-양인-천인 순이다.

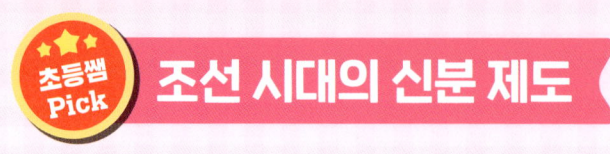

조선 시대의 신분 제도

태어나면서부터 정해지는 신분

　조선 시대 사람들은 어떤 생활 모습으로 살았을까요? 장영실이 노비였고, 신분이 있다고 하였는데 신분에는 어떤 종류가 있고 각 신분은 어떤 일을 했을까요? 현재 우리는 신분이 없고, 모든 사람은 평등하고 동등하죠. 하지만 청동기 시대부터 신분과 계급이 생기게 됩니다. 시대마다 계급의 형태가 다르긴 하지만 말이에요.

　조선 시대는 크게 신분을 양인과 천민으로 구분하였습니다. 양인은 다시 양반, 중인, 상민으로 나뉘어 결과적으로 양반, 중인, 상민, 천민 네 개의 신분으로 구성되었고, 태어나면서부터 신분은 정해졌답니다. 양인은 과거 시험을 통해 관직에 진출할 수 있었습니다. 양반, 중인, 상민 모두 말이죠. 그런데 현실은 어땠을까요? 양반이 아닌 신분의 사람들은 농사를 짓거나 물건을 팔아 하루하루 먹고살기에 바빴어요. 반면 양반은 땅과 노비가 있었기에 공부에 집중할 수 있었어요. 그래서 양반이 대부분 과거 시험에 통과해 나랏일을 하는 관리가 되었죠.

　그럼 중인은 어떤 일을 했을까요? 양반을 도와 관청에서 일하거나 아픈 사람들을 치료해 주는 의료직, 외국 사람들을 통역해

주는 일을 했죠. 지금의 관점으로 보면 너무나도 멋진 일을 하고 있지만 그 당시는 양반의 천시를 받았고, 나아갈 수 있는 관직에도 한계가 있었다고 해요.

　상민은 농업, 어업, 수공업, 상업 등의 일을 하며 세금을 내는 사람들이었어요. 상민들과 양반들의 의식주에 차이가 있었죠. 양반들은 비단으로 만든 화려한 옷을 입고 갓을 쓴 반면 상민은 삼베를 이용한 수수한 옷을 입었어요. 또 양반들은 기와집에서 살고 남자와 여자가 생활하는 방이 구분되어 있었으나 상민들은 초가집에서 살고 남자와 여자가 함께 생활했죠.

　그럼 마지막으로 천민은 어떤 생활을 했을까요? 천민은 신분 제도의 최하층으로 대부분이 노비였어요. 나라 또는 개인의 소유물로 여겨졌고, 자기가 모시는 주인을 위해 일을 하며 지냈죠. 그렇다면 우리가 만 17세 이상이 되면 발급되는 주민등록증이 조선 시대에도 있었을까요? 조선 시대에도 '호패'라는 신분증이 있었어요. 하지만 현재와 차이점은 만 16세 이상의 남자에게만 호패를 주었다고 해요. 호패 제도를 실시한 까닭은 무엇일까요? 호패를 보면 신분을 알 수 있었어요. 또 군대를 갈 사람인지, 세금을 낼 사람인지 확인할 수 있었죠. 이러한 호패는 나라 경영을 좀 더 원활하게 할 수 있는 도구가 되었습니다.

조선 시대 ④
일본, 조선을 침략하다
ㅇㅈㅇㄹ

① 임진왜란　② 우중왜란　③ 임자왜란

임진왜란 핵심 키워드

도요토미 히데요시, 김시민의 진주대첩, 수군 승리(한산도대첩), 의병 활약, 명 참전, 행주대첩, 훈련도감 설치

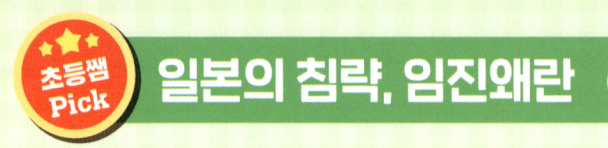

조선과 일본의 대격돌!

　조선의 내부 갈등이 심해졌던 때였습니다. 같은 정치적 입장을 가진 사람들끼리 붕당을 이뤄 세력 다툼을 하고 있었죠. 그리고 외부의 침략이 잦았던 고려와는 달리 오랫동안 외적의 공격이 없던 터라 나라를 지킬 군사력이 약했던 상황이었어요. 그렇다면 조선의 옆 나라 일본은 어떤 상황이었을까요? 당시 도요토미 히데요시가 일본 전체를 통일하여 일본 최고의 권력자가 되었죠. 하지만 도요토미 히데요시는 거기서 만족하지 않았습니다. 그는 큰 대륙으로의 진출을 꿈꿨죠. 바로 명나라입니다. 명나라를 차지하기 위해서는 그 길목에 있는 조선을 먼저 차지해야 했어요. 그때부터 일본은 조선을 침략할 계획을 세우게 됩니다. 그럼 조선은 일본의 이런 상황을 전혀 몰랐을까요? 일본의 통일을 축하하며 보낸 조선의 통신사가 일본의 침략 계획을 듣게 되었고, 이를 당시 왕이었던 선조에게 말했죠. 하지만 쓸데없는 소리라며 그 말을 무시하고 말았어요.

　당시 일본은 엄청난 무기를 확보하고 있었습니다. 유럽산 조총, 실탄, 화약 등을 말이죠. 그리고 일본 통일 과정에서 많은 전쟁을 거치며 전투 능력은 최강이었습니다. 1592년 4월 갑작스러운 일본의 공격이 시작되었습니다. 아무런 대비를 하지 않은 조선은 속수무책으로 무너지기 시작했죠. 조선은 치열한 방어를 했지만 패배하였고, 일본은 북쪽으로 계속해서 올라왔어요. 그리고 15일 만에 한양을 빼앗기게 되었죠. 선조는 명나라에 군사를 보내 달라고 요청하고, 수도 한양을 떠나 의주로 피난을 갔어요(의주파천). 명나라는 조선이 무너지면 명나라도 일본의 침략을 받을 것이기에 조선을 도와주기로 했죠. 일본은 조선 땅을 유린하고 백성을 대상으로 끔찍한 만행을 저질렀어요. 그때 전라도 수군의 지휘관이었던 이순신 장군이 옥포에서 일본군의 배 26척을 침몰시키며 조선군 최초 승리를 가져왔어요. 이순신 장군은 1년 전부터 왜군의 침공을 예측하고 전쟁을 대비하고 있었어요. 판옥선, 거북선을 만들고 수군 훈련을 강화했죠. 조선 수군의 강력함에 놀란 일본군은 다시 공격 계획을 세웠어요. 하지만 가만히 있을 이순신 장군이 아니었죠. 한산도 앞바다에서 학이 날개를 펼친 듯한 모양으로 적을 둘러싸 공격하는 학익진 전술로 일본 수군을 포위하고 큰 승리를 했죠. 조선 수군의 승리에 힘을 얻어 백성과 권율 장군은 행주산성에서 큰 승리를 거두었고, 이 패배에서 큰 타격을 입은 일본군은 전쟁을 멈추고 협상을 제안했어요. 그렇게 조선과 일본의 전쟁이 끝이 났을까요?

조선 시대 ⑤
끝을 향하는 일본과 ㅇㅅㅅ의 치열한 전투

① 이순신　② 안시성　③ 연습생

이순신 핵심 키워드

목포 해전, 한산도 대첩, 명량 해전, 노량 해전, 난중일기, 백의종군

치열한 영웅, 이순신 장군

신에게는 아직 열두 척의 배가 있습니다.

 일본, 명나라, 조선의 협상은 결렬되었고 1597년 일본이 다시 조선에 쳐들어왔어요. 지난 전쟁보다 더 강력하고 더 악랄하게 말이죠. 하지만 당시 이순신 장군은 선조의 미움을 받아 감옥에 갇혀 전쟁에 나가지 못하는 상황이었고, 조선 수군은 엄청난 패배를 하게 되었어요. 그 결과 판옥선 열두 척밖에 남지 않았죠. 이에 선조는 다시 이순신 장군에게 일본을 막으라는 막중한 임무를 주게 됩니다. 열두 척의 배로 무엇을 하겠냐는 선조의 걱정에 이순신 장군이 이렇게 말했습니다. "신에게는 아직 열두 척의 배가 남아 있습니다." 그리고 울돌목 앞바다에서 열두 척의 배를 가지고 일본군을 기다렸어요. 울돌목 앞바다는 물살이 빠르고 폭이 좁은데 일부러 일본군을 그곳으로 유인한 것이죠. 그때 일본군은 133척의 배가 있었습니다. 압도되는 규모의 차이에도 이순신 장군은 동요하지 않았어요. 빠른 물살 때문에 일본 대열이 중심을 잃었을 때 조선 수군은 집중 공격을 퍼부어 일본 배 33척을 침몰시켰고, 100척의 배는 진격도 하지 못한 채 후퇴했죠. 일본은 큰 패배와 긴 전쟁으로 사기가 바닥이었고, 그러던 중 도요토미 히데요시가 사망하자 군대를 철수하기로 합니다. 하지만 조선을 공격하고 엄청난 아픔과 피해를 준 일본을 그냥 돌려보낼 수 없던 이순신은 명나라 함대와 함께 최후의 혈전을 벌이게 됩니다. 그것이 바로 '노량 해전'이랍니다. 함대를 셋으로 나누어 포위하여 공격하였어요. 그 결과 배와 배가 맞닿는 백병전이 시작되었고 배 위에서 치열한 전투가 벌어지게 되었죠. 그 과정에서 이순신 장군은 총탄을 맞고 쓰러지게 됩니다. 그리고 이렇게 말하였죠. "나의 죽음을 알리지 말라." 싸움이 급하니 이 사실을 알게 된다면 군사들이 동요할 것을 걱정하며 이런 말을 남기고 죽게 됩니다. 노량 해전에서 일본군은 엄청난 피해를 입었고, 그렇게 1592년부터 1598년까지 7년간의 임진왜란이 막을 내리게 됩니다. 불리한 상황임에도 포기하지 않고 조선을 지키기 위해 싸웠던 이순신 장군과 수많은 조선 백성에게 우리는 나라에 대한 책임감과 헌신을 배울 수 있습니다.

난중일기

난중일기는 이순신이 임진왜란 7년 동안 군중에서 쓴 일기이다. 일기 7책과 서간집 1책, 임진장초 1책 종 9권으로 국보 제76호에 지정되어 있다.

조선 시대 6
광해군의 ㅈㄹ 외교

① 자립 ② 중립 ③ 조립

광해군의 중립 외교 **핵심 키워드**
전란 피해 복구, 대동법, 동의보감 편찬, 강홍립 참전

명과 후금 둘 중 누구를 고를 것인가?

　광해군은 선조와 공빈 김씨 사이에서 태어났어요. 광해군이 열여덟 살이 되었을 때 일본이 조선에 쳐들어온 임진왜란이 발생했죠. 임금의 뒤를 이을 세자를 정해놓지 않은 상태에서 임진왜란이 발생하자 조선은 당황했습니다. 임금마저 어떻게 될지 모르는 상황에서 하루라도 빨리 세자를 선택해야만 했죠. 이러한 큰 위기 상황에서 광해군은 세자 자리에 오르게 되었습니다. 세자가 된 광해군은 나라와 백성을 위해 열심히 조선을 돌봤습니다. 군사를 이끌고 지방 곳곳을 누비며 병사를 모으고, 일본군과 싸우는 조선의 군대를 격려하고, 전쟁으로 힘들어하고 있는 백성들의 마음을 다독였죠. 그렇게 임진왜란에서의 큰 공을 인정 받은 광해군은 1608년 왕위에 오르게 되었답니다.

　왕위에 오른 광해군은 나라를 위한 정책을 추진했어요. 우선 전쟁으로 고통 받았던 백성을 위해 세금 정책을 수정했죠. 당시 백성들이 힘들어했던 세금은 그 지역의 특산물을 공물로 바치는 것이었어요. 전쟁으로 나라가 쑥대밭이 되었는데 특산물이라니 말도 안 되죠. 그래서 대동법을 시행하여 특산물 대신에 돈, 베, 쌀,

무명으로 대체할 수 있도록 했답니다. 그리고 많은 전염병과 질병으로 고통스러워하는 백성을 위해 선조의 죽음을 책임지고 유배 갔던 허준을 다시 의원으로 복귀시켰고, 허준이 유배지에서 작성한 <동의보감>을 펴내 백성이 질병을 치료할 수 있도록 도왔어요. 나라 안을 여러 방면으로 복구하고 돌볼 때 나라 밖 상황은 어땠을까요? 당시 명은 임진왜란 때 조선에 군대를 보내느라 힘이 약해진 상태였어요. 반면 여진이 세운 후금은 날이 갈수록 강력해지고 있었죠. 그리고 후금과 명나라의 전쟁이 시작되었어요. 명나라는 조선에 군사를 보내 달라고 요구했죠. 임진왜란 때 명나라의 도움을 받은 조선은 보답하는 의미로 군사를 보내주는 것이 명분에는 맞지만, 당시 후금이 너무 강력해 후금과 척을 질 경우 또 다른 전쟁이 우려되는 상황이었어요. 이에 광해군은 굳은 결심으로 '중립 외교' 정책을 펼치게 됩니다. 이미 전쟁 때문에 고통받은 백성을 위해 명과 후금 사이에서 어느 편도 들지 않는 중립의 입장을 취했죠. 명나라로 떠나는 강홍립 장군에게 적당히 싸우다가 때를 보아 후금에 항복하라고 명했어요. 이렇게 하면 명에 군사도 보낸 셈이고 후금에 대항하지도 않은 것이기 때문이죠. 당시 인륜을 중시했던 지배층의 많은 반발이 있었지만, 결과적으로는 이러한 중립 외교로 조선은 피해를 줄이고 지혜롭게 위기 상황을 벗어날 수 있었습니다.

조선 시대 7
청과의 전쟁, ㅂ ㅈ ㅎ ㄹ

① 병자호란　② 병자환란　③ 병자흉란

청과의 전쟁 핵심 키워드

정묘호란 – 후금의 조선 침략, 인조의 강화도 피신, 형제의 관계로 화의
병자호란 – 후금 청 건국 후 조선에 군신 관계 요구, 인조 남한산성으로 피신, 삼전도 굴욕으로 청에 항복

청과의 전쟁

아픈 역사의 기록, 삼전도의 굴욕

광해군의 중립 외교로 후금과의 마찰을 피할 수 있었지만, 광해군이 왕위에서 내려오고 인조가 왕이 되었을 때 후금과의 갈등이 다시 시작되었어요. 인조가 친명배금 정책을 펼쳤기 때문이에요. 말 그대로 명나라와는 친하게 지내고 금을 배척한다는 뜻이죠. 그리고 몰래 명나라에 군대를 지원하기도 했습니다. 이런 조선을 못마땅하게 여긴 후금은 1627년 형제 관계를 요구하며 조선을 공격했고, 이것이 '정묘호란'입니다. 후금은 강력했고 인조는 할 수 없이 후금과 형제 관계를 맺게 되었어요. 형제 관계를 맺고 난 후 후금은 조선에 과한 요구를 하기 시작했습니다. 전쟁에 필요한 막대한 군대, 무기 그리고 돈을 요구했죠. 이에 조선은 분노하기 시작했고 이럴 바엔 차라리 후금과 전쟁을 치르는 것이 낫다는 주장이 나왔어요. 후금은 이런 조선의 생각을 알아차리고 사과를 요구했지만 조선은 사과하지 않았어요. 당시 후금은 청나라로 이름을 바꾸고 더 강해진 상태였습니다. 청나라는 어떻게 했을까요? 이번에는 형제 관계를 넘어서 임금과 신하 관계를 요구하며 조선을 공격했습니다. 이것을 '병자호란'이라고 합니다. 조선의 대항에도 불구하고 청나라는 강력한 군대로 한양 근처까지 쳐들어왔죠. 이에 인조는 더 이상 도망칠 곳이 없어 왕실 가족을 강화도로 피난시켰어요. 그리고 자신은 강화도로 가는 길이 끊겨 남한산성으로 피신했어요. 하지만 강화도는 함락되어 왕실 가족 모두 청나라의 인질로 잡혔고, 남한산성에서 포위된 인조는 어쩔 수 없이 청나라에 항복하기로 결정하게 됩니다. 청나라가 순순히 조선의 항복을 받아들였을까요? 인조는 삼전도(지금의 송파)로 갔어요. 그곳에 청태종이 있었기 때문이죠. 그곳에서 인조는 항복의 표시로 세 번 큰절을 하고, 아홉 번 땅바닥에 머리를 쾅쾅 박았어요. 인조의 이마에서 피가 흘러내렸고 그렇게 조선은 청의 신하가 되었습니다. 이는 조선 역사상 가장 치욕적인 사건 중 하나로 꼽힌답니다.

정축하성

병자호란 때 남한산성에 피신한 인조가 59일 만에 청나라 황제 홍타이지에게 항복, 1637년(정축년) 남한산성을 나와 삼전도에서 항복했다. 다만 인조는 항복을 인정하지 않고, 성에서 나왔다고 하성이라고 표현했고, 신하에게도 이를 강요했다.

조선 시대 8

붕당과의 싸움, ㅇㅈ와 ㅈㅈ

① 인조　② 영조　③ 영종

① 정종　② 정조　③ 지조

영·정조 시대 핵심 키워드

준론탕평, 수원 화성 건립(정약용 거중기 사용), 규장각, 초계 문신 제도, 왕의 직속 군대 장용영 설치

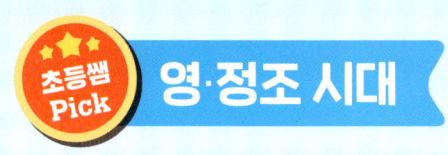

권력 싸움으로 지친 조선

　조선 후기 사회의 키워드는 '붕당'이라고 할 수 있답니다. 붕당이 무슨 뜻일까요? 조선 후기에는 관리들 사이에서 같은 생각을 하는 사람들끼리 무리를 지으며 편이 갈라지기 시작했어요. 그리고 그런 정치 무리를 붕당이라고 한답니다. 처음에는 이런 붕당이 나쁜 것만은 아니었어요. 임진왜란과 병자호란 이후 혼란스러운 사회를 회복하고 바로잡을 수 있도록 붕당이 서로 힘을 합쳤고 조선 사회는 빠르게 회복되었죠. 하지만 시간이 흐르면서 권력을 차지하기 위한 붕당의 싸움으로 변질되기 시작했습니다. 이런 시기에 왕이 된 인물이 바로 영조입니다. 영조는 지속되던 붕당 간의 싸움을 멈추기 위해 '탕평책'을 실시했어요. 하나의 붕당에 치우치지 않고 모든 붕당에서 인재를 고르게 등용하는 것이죠. 영조가 왕위에서 내려오고 영조의 손자인 정조가 왕위를 물려받았습니다.

　정조는 어떤 인물이었을까요? 정조의 아버지인 사도 세자는 붕당의 싸움에 휘말려 영조의 명령으로 쌀 항아리인 뒤주에 갇혀 죽게 되었고, 열한 살의 어린 정조는 아버지의 죽음을 지켜보아야 하는 아픔을 겪었죠. 또 붕당의 권력 싸움으로 인해 일곱 차례의 암살 시도를 경험했습니다. 영조와 마찬가지로 정조는 붕당의 싸움을 멈추고 싶었어요. 능력이 있는 사람이라면 어느 붕당이든 상관 없이 우선적으로 뽑았고, 아버지는 양반이지만 어머니가 평민이나 노비인 서얼이라도 능력이 있다면 관리로 채용했죠. 당시 서얼은 신분 때문에 능력이 있더라도 관리가 될 수 없었는데 말이죠. 또 정조는 신하들의 싸움을 해결하고 왕권을 강화하기 위해서는 한양이 아닌 새로운 곳에서 정치를 해야 한다고 생각했어요. 그리고 정조는 아버지에 대한 효심이 지극했고 아버지의 묘를 옮길 곳을 찾고 있었죠. 그렇게 찾은 곳이 바로 수원이었어요. 수원에 화성을 건설했고, 그곳에서 과거 시험을 보고 군대를 훈련시키며 왕권을 강화했어요. 또 화성 건설을 위해 필요한 백성들의 노동력을 당연하게 여기지 않고 노동에 맞는 돈을 주고 고용했어요. 정약용의 거중기를 이용하여 2년 9개월 만에 완성했죠. 수원 화성으로 행차를 갈 때마다 구경 나온 백성들이 하는 말을 정조는 귀 기울여 들었고, 그들의 억울한 사연과 고통을 줄이기 위해 궁에 돌아오자마자 해결책을 내놓기 위해 노력했답니다. 그렇게 붕당 간의 싸움을 멈추고 백성을 위한 정치를 펼치기 위해 노력했던 영조와 정조는 쇠약했던 조선을 다시 번성시켰답니다.

조선 시대 ⑨

ㅅㄷㅈㅊ, 고통 받는 백성들

① 세도 정치　② 사도 정치　③ 수도 정치

세도 정치 `핵심 키워드`

순조·헌종·철종 3대 60여 년, 안동 김씨와 풍산 조씨가 권력 행사, 왕권 약화, 정치 기강 문란, 삼정 문란

세도 정치

권력을 독차지하는 가문들 때문에 피폐해진 조선 사회

붕당 간의 싸움을 없애기 위해 노력했던 정조 이후 조선 사회는 어떻게 변했을까요? 정조는 생전에 아들을 위해 든든한 처가를 만들어 주려고 명문가와 혼인을 맺었어요. 하지만 이러한 정조의 결정은 조선 사회를 뒤흔드는 큰 계기가 되고 말았죠. 정조가 일찍 죽는 바람에 나이 어린 순조가 왕위에 올랐고, 어린 순조가 나랏일을 할 수 없다 하여 왕비 쪽 집안 사람들이 나랏일을 좌지우지하기 시작했어요. 그렇게 몇몇 가문이 권력을 독점하는 '세도 정치'가 시작되게 되었고, 60여 년에 걸친 세도 정치는 조선 사회를 피폐하게 만들었죠. 세도가는 다른 가문이 힘을 얻지 못하도록 싹을 잘라버리려 했어요. 세도가 이외의 사람이 관직에 오르는 길을 막았던 거예요. 과거 제도가 이름만 있을 뿐 세도가 사람들의 입맛에 맞게 능력이 있어도 불합격, 능력이 없어도 세도가 사람이라면 합격을 해주었죠. 결국 합격을 하기 위해서는 뇌물을 주는 수밖에 없었고, 그때부터 돈을 받고 벼슬을 파는 일이 벌어졌답니다. 또 갓난아이에게도 세금을 걷어야 한다, 죽은 사람에게도 세금을 걷어야 한다, 도망간 이웃을 대신해서 세금을 내야 한다 등의 수만 가지의 이유를 들어 백성들에게 더 많은 세금을 걷었죠. 이에 백성들은 더더욱 살기가 어려워졌어요. 농민들은 가만히 있지 않았고 잘못된 사회를 비판하며 저항하기 시작했죠. 1811년 홍경래의 난이 벌어졌어요. 홍경래는 평안도에 사는 몰락한 양반이었어요. 당시 탐관오리의 수탈과 엄청난 세금 그리고 평안도 지역 차별 대우에 참지 못한 홍경래는 상인, 농민들과 힘을 합쳐 반란을 일으켰죠. 비록 100일 만에 진압되고 말았지만 많은 농민들이 자발적으로 저항하였다는 데 의미가 있으며 이후 조선 곳곳에서 발생한 농민 봉기에 큰 영향을 끼쳤답니다. 살기가 어렵고 의지할 곳이 없을 때 종교가 만들어진답니다. 세도 정치 시기에 만들어진 종교가 있었으니 바로 '동학'입니다. 최제우가 1860년 만든 종교로서 사람이 곧 하늘이라는 사상을 이념으로 삼고, 나라를 지키고 백성을 구한다는 가르침으로 탐관오리의 수탈과 어지러운 조선 사회로 고통받고 있던 백성들의 환영을 받았죠. 조선은 종교에 의존할 수밖에 없을 정도로 힘든 시기를 거치고 있습니다.

정감록

조선 중기 이후 사회적 혼란 때 백성 사이에 유포된 작자 미상의 책이다. 조선 왕조가 이씨에서 정씨로 교체될 것이라고 예언했다.

조선 시대 ⑩
갈림길에 선 조선의 키를 쥔 ㅎㅅㄷㅇㄱ

① 흥선대원군　② 하선대원군　③ 호수대원군

흥선대원군 핵심 키워드

세도 정치 타파, 비변사 축소, 경복궁 중건, 서원 정리, 삼정 개혁(양전 사업 실시, 호포법, 사창제 실시), 천주교 탄압, 쇄국 정치

조선의 문을 열 것인가, 닫을 것인가?

흥선대원군은 어떤 인물일까요? 대원군이라는 명칭은 무엇일까요? 흥선대원군은 고종의 아버지입니다. 철종이 사망한 후 대를 이을 인물이 없어 먼 친척이었던 고종이 왕위에 올랐고, 그의 아버지 이하응은 왕의 아버지 '대원군'이 되었죠. 당시 고종은 열두 살이었어요. 너무 어려 나랏일을 하기 어려웠고, 흥선대원군이 고종을 대신하여 나라를 다스렸답니다. 그 당시는 앞서 말한 세도 정치 때문에 나라가 어지럽고 어려운 시기였어요. 흥선대원군은 당시의 문제점을 하나하나 해결해 나가기 위해 노력했죠. 권력을 꽉 잡고 있었던 세도가들을 몰아냈고, 영조와 정조의 탕평책처럼 정치적 파를 초월한 능력 위주로 인재를 뽑았어요. 그리고 당시 선비들이 모여서 학문을 연구하고 제사를 지내기 위해 지은 곳인 '서원'을 몇 개를 제외하고 모두 없애버렸어요. 조선 사회를 괴롭혔던 붕당, 세도 정치에 힘을 불어넣어 준 곳이 바로 서원이었기 때문이죠. 또 백성들을 힘들게 했던 세금 제도를 고치고 양반들이 더 세금을 부담할 수 있도록 했어요. 이런 흥선대원군의 여러 정책은 왕의 힘을 키우고 조선 사회를 힘들게 했던 세도 정치에서 벗어날 수 있었답니다. 하지만 흥선대원군의 골치를 아프게 했던 것들이 또 있었습니다. 바로 조선의 바다에 나타나는 이양선이었죠. 이양선이란, 서양의 배로 조선의 배와 모양이 달라 '모양이 이상한 배'라는 뜻이랍니다. 서양의 배들이 왜 조선에 온 걸까요? 당시 서양 사람들은 아시아 나라들에 접근하여 자기 세력을 확장하고 싶어 했어요. 그 결과 중국은 영국과 아편 전쟁에서 패배하여 나라의 문을 열어주었죠. 그 과정에서 중국으로 가던 배가 풍랑을 만나 조선에 도착하거나 조선과의 무역을 요구하며 접근하기도 했답니다. 맨 처음 조선의 백성과 조정은 그들을 너그럽게 대해 주었어요. 표류한 배에 식량을 주기도 했죠. 하지만 서양 선원들이 백성을 폭행하거나 조선 조정에 강압적으로 무역을 강요하면서 골치 아파지기 시작했어요. 이런 상황에서 흥선대원군은 서양과의 교류로 얻는 것보다 나라의 안정이 우선이라고 생각했고, 그 결과 나라의 문을 잠그는 정치를 펼치게 됩니다. 그것이 바로 '쇄국 정책'이랍니다.

흥선대원군

사도세자의 양증손이자, 정조의 이복 동생이며, 고종의 아버지. 10년 동안 고종을 대신해 섭정했다.

개항기와 국권 피탈

개항기와 국권 피탈 ①

조선의 문을 열게 된
ㄱ ㅎ ㄷ ㅈ ㅇ

① 경희대 조약 ② 강화도 조약 ③ 계획도 조약

강화도 조약 **핵심 키워드**

운요호 사건, 부산·원산·인천 개항, 해양 측량권과 치외 법권을 인정한 최초의 근대 불평등 조약, 처음으로 조선의 문이 열렸다

강화도 조약

처음으로 조선의 문이 열렸다!

　흥선대원군의 쇄국 정책으로 나라의 문을 단단히 잠갔던 조선이 다른 나라에 문을 열게 되었습니다. 어떻게 문을 열었고 그 과정은 평등했을까요? 성인이 된 고종은 직접 나라를 다스리고 싶어 했습니다. 그리고 그때 마침 최익현이 흥선대원군의 정책을 비판하고 고종이 직접 나라를 돌봐달라는 상소문을 올렸죠. 이 일을 계기로 흥선대원군은 모든 권력에서 내려왔고 고종이 집권하기 시작했답니다. 다른 나라와의 교류를 반대했던 흥선대원군이 물러나자 조선 내부에서는 새로운 문물을 받아들여야 하지 않느냐는 의견들이 나오기 시작했죠. 그러던 중 강화도에서 사건이 터졌습니다. 1875년 일본의 군함 운요호가 조선 해안을 탐색하겠다는 핑계를 대며 강화도 앞바다에 정박한 것이죠. 해안 지역의 높이, 깊이, 넓이를 측정하겠다면서 말이에요. 해당 나라의 허락을 받지 않고 배를 정박하는 것은 어떤 이유이든지 침입이기 때문에 강화도에 있는 조선 수군은 방어적 공격으로 운요호를 향해 포를 쏘았어요. 하지만 운요호는 배를 돌리지 않고 함포로 맞서며 오히려 조선 수군을 공격했고, 조선의 백성들을 죽이거나 관청을 불태

왰어요. 일본은 갑자기 왜 이런 행동을 한 걸까요? 여기엔 일본의 검은 속셈이 있었답니다. 당시 일본은 동아시아에서 서양과 가장 먼저 교류를 시작했고 새로운 문물을 바탕으로 근대화를 이뤘어요. 그리고 서양처럼 대륙으로 세력을 넓히고 싶어 했죠. 그 첫 시작으로 노린 곳이 바로 조선이에요. 마음대로 배를 정박하고 포를 쏘고 백성을 죽이는 침략 행위에도 불구하고 일본은 조선이 잘못했다며 나라의 문을 여는 개항을 요구했어요. 조선은 일본의 압박과, 문호를 개방해야 한다는 조선 내부의 여론에 따라 강화도 조약을 맺게 됩니다. 하지만 강화도 조약은 일본에게만 유리한 불평등 조약이었어요. 강화도 조약의 내용을 살펴보면, 일본인들은 항구를 자유롭게 드나들며 무역할 수 있고, 조선의 해안도 마음대로 측량할 수 있다고 되어 있죠. 심지어 조선 땅에서 일본인이 죄를 저질러도 조선은 일본인을 처벌할 수 없었어요. 그러면 조약을 할 때 이것은 불평등하다! 할 수 없다! 라고 말하면 되지 않았을까요? 왜 그러지 못했을까요? 일본은 신식 무기 군함 두 척과 400명 규모의 군대를 보내 강압적인 분위기에서 조약을 체결했기 때문에 조선은 불평등 조약에 서명하고 말았죠.

  강화도 조약을 시작으로 조선은 서양의 여러 나라와도 교역을 시작했고, 새로운 문물을 받아들였습니다.

개항기와 국권 피탈 ②

백성들의 목소리, ㄷㅎㄴㅁㅇㄷ

① 동학 농민 운동   ② 도화 농민 운동   ③ 대항 농민 운동

동학 농민 운동 핵심 키워드

녹두장군 전봉준, 스스로 해산, 파랑새요 부르기, 반봉건 반침략 운동, 의병 투쟁으로 계승

동학 농민 운동

백성들의 목소리를 들어라!

　세도 정치 시기에 만들어진 동학 기억나나요? 동학은 모든 사람이 평등하다고 주장했죠. 조선 사회의 신분제를 반대했고, 서양과 일본을 배척했어요. 이런 사상은 당시 많은 백성의 지지를 받았죠. 하지만 조선의 지배자들은 그런 동학이 눈엣가시였고 탄압했어요. 계속되는 탄압과 탐관오리의 착취에 화가 난 전봉준과 그를 따르는 사람들은 동학 농민 운동을 일으켰고, 조선의 관군이 농민군 진압에 어려움을 겪자 청나라에 도움을 요청했어요. 청나라가 조선에 상륙하자 청나라가 조선에 들어오면 일본도 무조건 들어와야 한다는 조약의 내용을 들먹이며 일본군도 조선에 상륙했죠. 이를 원한 것이 아니었던 농민군은 관군에게 화해를 요청하고 멈췄어요. 동학 농민 운동을 수습하기 위해 조선에 왔던 청, 일본군은 사건이 해결됐으니 다시 돌아갔을까요? 그렇지 않았어요. 일본군은 갑자기 경복궁에 침입하여 고종과 왕세자를 감금하고 청군을 향해 공격을 퍼부었죠. 그렇게 시작된 전쟁이 바로 청일 전쟁입니다. 조선의 지배권을 둘러싸고 청나라와 일본이 조선 땅에서 전쟁을 시작한 것이죠. 미리 청나라와의 전쟁을 계획하고 온 일본을 청나라는 당해낼 수 없었어요. 일본이 승리하게 되고 일본은 조선 침략에 박차를 가하게 됩니다. 이에 분노한 동학 농민군은 다시 봉기를 일으켰지만 강력한 무기를 가지고 있는 일본군과 정부군을 이길 수 없어 농민군은 거의 몰살당하고 말았어요. 비록 실패로 끝났으나 동학 농민 운동은 우리나라 역사에 많은 의미를 준답니다. 오랜 시간 우리 사회에 뿌리내렸던 신분제에 저항하고, 우리를 침략하는 외국 세력을 몰아낼 것을 주장하며 맞서 싸웠기 때문이죠. 청일 전쟁에서 승리한 일본은 조선에 근대화 개혁을 요구했어요. 그것이 바로 갑오개혁입니다. 갑오개혁을 통해 신분제를 없애고 세 번에 걸쳐 정치, 경제, 사회, 문화 등 전반에 걸쳐 근대적인 제도를 도입했죠. 갑오개혁은 조선 사회를 지배했던 낡은 제도를 없애고 근대적 사회로 나아가는 첫걸음이 되었지만, 일본의 강요로 진행되었다는 한계와 아쉬움이 있답니다.

최제우

최제우는 제세구민(세상을 구제하고 사람들을 구함)의 뜻을 품고, 1860년 서학(천주교)에 대립되는 민족 고유의 신앙을 동학이라 이름 짓고 '인내천(사람이 곧 하늘이므로 모든 사람은 멸시와 차별을 받으면 아니된다.)' 사상을 전개하였다.

개항기와 국권 피탈 ③

조선의 변화, ㄷ ㅎ ㅈ ㄱ

① 대한 제국   ② 두한 조국   ③ 대한 조국

대한 제국 성립 **핵심 키워드**

강화도 조약(1876)→임오군란(1882)→갑신정변(1884)→동학 농민 운동(1894)→갑오개혁(1894)→을미개혁(1895)→아관파천(1896)→대한 제국(1897)

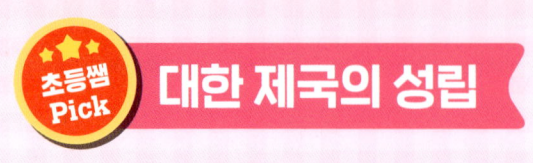

대한 제국의 성립

조선에 드리우는 일본의 그림자

고종과 명성황후는 일본의 압력으로 왕권은 약해지고 조선을 노리는 일본이 맘에 들지 않았어요. 그러던 그때 명성황후의 눈에 들어온 나라가 있었으니, 바로 러시아입니다. 당시 청일 전쟁에서 승리한 일본은 청나라의 일부 영토를 차지하게 되었는데 러시아는 이런 일본이 굉장히 못마땅했습니다. 러시아도 청나라의 영토를 차지하고 싶었기 때문이죠. 이에 일본이 차지한 청나라의 영토를 다시 청나라에 돌려주라고 압박했고, 일본은 어쩔 수 없이 차지했던 영토를 청에게 돌려주었어요. 이러한 사실을 알게 된 명성황후는 러시아의 힘을 빌리면 일본을 견제할 수 있다고 생각했고 러시아와 관계를 쌓기 시작했죠. 이런 명성황후가 못마땅했던 일본은 일본인 자객을 보내 명성황후를 무참히 칼로 베어 버리고 시신을 근처 숲에서 불태워 버리는 일까지 벌이게 됩니다. 조선의 국모를 죽인 일본인을 우리는 처벌할 수 있었을까요? 강화도 조약 때 맺은 치외법권 때문에 조선은 일본인을 처벌할 수 없었고, 자객들은 아무런 처벌 없이 풀려나고 말았답니다. 왕후가 일본에 끔찍하게 살해당하는 것을 지켜본 고종은 자기도 명성황후처럼 목숨을 잃을 수 있다는 걱정에 두려움에 시달렸죠. 고종은 결국 궁궐을 빠져나와 러시아 공사관으로 갔어요. 러시아라면 자신을 지켜줄 것이라고 생각했기 때문이죠. 그렇게 고종은 1년을 러시아 공사관에서 지내게 됩니다. 그곳에서 고종은 일본에게 벗어나 나라를 다시 세울 계획을 하였고, 그동안 러시아는 조선에서 힘을 키우며 세력을 확장해 나갔죠. 고종은 1년 후 경운궁으로 돌아왔고 자신을 임금이 아닌 황제라 칭하며 나라의 이름을 조선에서 대한 제국으로 바꾸었죠. 그렇게 고종은 다른 나라에 의존하지 않는 자주독립 국가임을 표현하며 나라를 발전시키기 위한 개혁을 시작했답니다. 서양의 문화를 받아들이면서 서양식 관복을 입고 서양식 건물을 세우고 전차가 생겨났죠. 이러한 움직임을 일본은 가만히 지켜만 보았을까요? 조선에 대한 러시아의 세력이 커지는 것이 눈에 거슬렸던 일본은 러시아를 상대로 전쟁을 일으키게 됩니다. 일본은 청일 전쟁에 이어 러일 전쟁도 승리하면서 대한 제국을 완전히 차지하기 위한 작업을 시작하게 되었습니다.

아관파천

1896년 2월 11일부터 1897년 2월 20일까지 1년 9일간 조선 고종과 세자가 경복궁을 떠나, 어가를 러시아 세국 공사관으로 옮겨서 파천한 사건이다.

개항기와 국권 피탈 ④
우리 민족의 고통, ㅇㅈㄱㅈㄱ

① 일제 강점기　② 이주 강점기　③ 일주 강점기

일제 강점기 `핵심 키워드`
조선 총독부 설치, 헌병 경찰 제도, 조선 교육령, 토지 조사 사업

한반도를 차지한 일본의 탄압과 수탈

일본이 우리나라에게 가장 먼저 빼앗은 것이 바로 외교권이랍니다. 다른 나라와 관계를 맺을 수 없게 만들어 완전히 고립시키기 위함이었죠. 1905년 이토 히로부미는 대한 제국과 을사늑약을 맺게 됩니다. 조약이 아닌 늑약인 이유는 강제로 맺은 조약이기 때문이죠. 당시 고종과 관리들은 외교권을 박탈하는 이 조약을 거부했어요. 하지만 일본은 친일파 이완용을 비롯한 다섯 명의 관리만 불러 을사늑약을 체결해 버렸죠. 고종은 을사늑약이 무효라는 것을 여러 나라에 알리기 위해 애썼어요. 당시 네덜란드 헤이그에서 만국 평화 회의가 열렸고, 세계 여러 나라가 참석하기에 세 명의 특사를 보내 을사늑약이 강제로 체결된 조약임을 알리도록 했죠. 이를 알게 된 일본은 이 일을 계기로 고종을 강제로 황제 자리에서 물러나게 했답니다. 이런 상황에 백성들은 분노했습니다. 외교권을 강제로 박탈하고, 고종을 물러나게 한 일본에 대항하여 전국에서 의병이 일어났죠. 또 나라를 구하기 위해서 교육에 힘쓰는 사람들도 생겨났죠. 여러 지역에 학교를 세워 사람들을 교육했고 우리말, 우리 역사를 연구했어요. 그리고 만주 하얼빈에서 안중근은 우리나라의 외교권을 빼앗는데 앞장섰던 이토 히로부미를 사살했고, 그렇게 많은 사람들이 나라를 지키기 위해 노력했답니다. 하지만 1910년 일본은 강제로 한일병합 조약을 체결했어요. 그렇게 우리는 국권을 잃고 일본의 식민지로 전락하게 되었습니다. 이 시기를 '일제 강점기'라고 한답니다. 일본 제국이 우리나라를 강제로 점령한 시기라는 뜻이죠. 일본의 식민지가 되고 난 후 대한 제국에는 어떤 일들이 일어났을까요? 나라의 주권을 잃었다는 것은 나라에 일어나는 모든 일을 우리 의견대로 결정할 수 없다는 것입니다. 그 결정은 모두 일본 마음대로 했죠. 일본인과 친일파로 구성된 조선 총독부라는 최고 기관을 설치하여 조선인들을 권력과 무력으로 꼼짝 못하게 탄압하였어요. 거리 곳곳에 총과 칼을 찬 헌병 경찰을 두어 조선인들을 감시하고 조금이나마 저항의 모습이 보이면 제압했죠. 또 일본은 없어졌던 태형 제도를 다시 법으로 만들었어요. 태형이란 몽둥이로 사람을 때리는 벌이었습니다. 일본 경찰은 재판을 거치지 않고도 조선인들에게 태형을 내릴 수 있었어요. 최대 100대까지 말이죠. 조선의 땅과 조선의 땅에서 생산되는 모든 것들을 빼앗기 위해 주인이 불분명한 땅은 일본인에게 아주 헐값에 팔아 버렸고, 많은 농민은 비싼 토지 사용료를 내고 농사를 지어야만 했죠. 이처럼 일제의 탄압과 수탈로 조선인들은 많은 고통을 받았습니다.

개항기와 국권 피탈 ⑤
나라를 되찾기 위한 외침, 독립 ㅁ ㅅ 운동

① 무쇠　② 명수　③ 만세

삼일 독립 운동 핵심 키워드

1919년 기미년, 비폭력 운동, 고종 사망, 민족 대표 33인, 독립 선언서 발표, 전국 및 국외 확산, 임시 정부 설립

삼일 독립 운동

외쳐라, 대한 독립 만세!

　1919년 나라를 되찾기 위한 역사적인 사건이 일어났어요. 당시는 제1차 세계대전이 끝났을 때였어요. 치열한 전쟁으로 정말 많은 사람이 죽었고 나라가 황폐해졌죠. 여러 나라가 모여 세계의 질서를 되찾기 위해 회의를 열었어요. 그때 미국 윌슨 대통령의 연설이 우리 민족에게 큰 울림을 주었답니다. "세계의 민족은 자신의 운명을 스스로 결정해야 한다." 이 말은 일본의 강제 지배로 힘을 잃은 우리 민족을 하나로 뭉치게 해주었죠. 1919년 3월 1일 33인의 민족 대표들은 독립 선언서를 낭독하였어요. 그 시간 많은 학생들과 시민들이 종로 탑골 공원에 모여 "대한 독립 만세!"를 외치며 만세 시위를 이어갔죠. 그날로 끝이 아니었어요. 학생과 종교인, 지식인들에서 시작한 만세 시위는 농민과 노동자까지 이어졌죠. 한반도에서 시작해 만주, 연해주, 일본, 미국까지 확산되었어요. 일본은 어떻게 했을까요? 3.1 운동에 참여한 사람들을 무자비하게 탄압했어요. 이 과정에서 많은 사람들이 죽었고 감옥에 갇혀 고된 고문을 받았죠. 3.1 운동으로 독립이 바로 이루어지지는 않았지만 전 세계 사람들에게 우리의 의지를 알렸고, 독립 운동을 좀 더 체계적으로 이끌 조직의 필요성을 느껴 상하이에 대한민국 임시 정부가 수립하는 계기가 되었습니다. 왜 상하이였을까요? 우리나라는 일본의 눈을 피해 활동하기가 어려운 상태였어요. 그래서 일제의 탄압을 피할 수 있고, 여러 지역에 있는 독립운동가와 소통할 수 있는 상하이가 적합했죠. 지금 우리나라의 이름 대한민국, 언제 정해진 걸까요? 대한민국 임시 정부는 나라의 이름을 '대한민국'으로 정했습니다. 대한 제국을 잇는다는 의미로 '대한', 나라의 주권은 국민에게 있다는 의미로 '민국'으로 말이죠. 대한민국 임시 정부는 이를 헌법으로 정하여 나라의 체제를 갖춰갔어요. 또 일제에 맞서 대항할 독립군을 양성하기 위해 노력했죠. 다른 나라에 우리의 상황과 일제의 통치가 부당함을 알렸어요. 그리고 <독립신문>을 펴내 독립 운동 소식을 알려 국민들에게 힘이 되어 주었답니다. 이를 가만히 둘 리 없는 일본은 독립 운동을 막기 위해 만주 봉오동을 공격했어요. 홍범도를 중심으로 독립군 부대가 힘을 합쳐 일본을 몰아냈고 봉오동 전투에서 승리했답니다. 패배에 당황한 일본은 대규모 군대를 이끌고 만주로 갔어요. 하지만 그곳에는 홍범도와 김좌진이 있었죠. 그들은 청산리에서 치열한 전투를 벌였고 승리를 가져왔어요. 독립에 대한 우리의 의지를 꺾고자 하는 일본, 그리고 절대 포기하지 않는 우리 민족이었죠.

개항기와 국권 피탈 ⑥
일제의 수탈과 목숨을 바친 우리 민족의 ㅈ ㅎ

① 주황　② 저항　③ 작황

민족의 저항 핵심 키워드

물산 장려 운동, 민립 대학 설립 운동, 농촌 계몽 운동(문맹 퇴치 운동), 광주 학생 운동

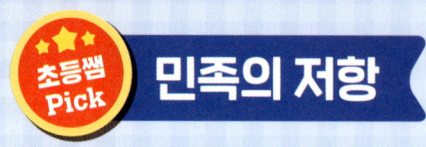# 민족의 저항

독립을 위해 목숨 바친 사람들

당시 일본은 침략 전쟁을 계획하고 있었어요. 세력을 확장하기 위해 다른 나라와 전쟁을 하려고 했고, 그 전쟁에 우리나라 국민들을 동원하고자 했죠. 독립 운동가와 국민들의 끈질긴 저항에 당황한 일본은 다른 방식으로 우리를 지배하려고 했어요. 우리의 민족 의식을 없애고 정신까지 지배하고자 했죠. 조선에 대한 생각과 일본에 저항을 못하게 하기 위함이었죠. 우리의 정신을 지배하기 위해 우선 교육을 빼앗았어요. 학교에서는 우리말을 가르치지 않고 모두 일본어로 가르쳤고, 우리의 역사가 아닌 일본의 역사를 배웠죠. 또 창씨개명을 실시하였어요. 이름은 하루에도 몇 번 불리는 우리에게 아주 중요한 것이죠. 우리의 성과 이름을 일본식으로 바꿀 것을 강요하였어요. 창씨개명을 하지 않은 사람들은 학교에서 수업을 들을 수 없었고, 식량도 지급해 주지 않았어요. 창씨개명에 저항하는 사람은 감옥에 갇히거나 목숨을 잃기도 했죠. 민족 말살 정책을 펼치며 우리의 언어와 문화, 역사를 잊기를 유도한 것이었어요. 그리고 전쟁에 필요한 물자와 인력을 수탈했어요. 식량은 당연하고 우리의 밥그릇, 숟가락까지 모조리 빼앗아 전쟁을 위한 무기를 만드는 데 썼어요. 한국인을 강제로 전쟁에 끌고 가고 여성들은 일본군 위안부로 끌고 가 모진 고통을 겪게 하였습니다. 가장 잔인하고 치밀한 방법으로 우리를 지배했던 그때도 우리 민족은 포기하지 않았습니다. 각자 자신들의 분야에서 일제에 대항했죠. 지식인들은 포기하지 않고 우리말을 연구했고 우리말과 글을 지키기 위해 노력했어요. 만약 그들이 없었다면 우리는 우리말을 잊었을지도 모른답니다. 또 역사 속 영웅들에 관한 책들을 끊임없이 편찬하여 민족 의식을 높이고 우리를 하나로 뭉치게 했어요. 그리고 김구는 일본의 주요 인물을 암살하기 위한 목적으로 한인 애국단을 조직했어요. 그들은 자신의 목숨을 우리의 독립을 위해 바쳤어요. 이봉창은 일본 국왕을 암살하기 위해 폭탄을 던졌지만 실패하여 사형에 처해졌고, 윤봉길은 중국 상하이에서 일본 고위 관리들을 암살했죠. 또 대한민국 임시 정부는 한국 광복군을 조직하여 일본과의 전쟁을 준비했어요.

✿ 대한민국 임시 정부

1919년 4월 11일 중국 상해에 설립했다. 3월1일 발표한 3·1 독립 선언문 및 3·1 운동에 기조하여 항일 운동을 주도할 목적으로 설립한 망명 정부이다.

개항기와 국권 피탈 ⑦

8.15 ㄱㅂ과 ㅂㄷ의 시작

① 광복   ② 개복   ③ 기복
① 분단   ② 바다   ③ 보답

국제 사회의 독립 약속 핵심 키워드

카이로 회담(적당한 시기 독립), 얄타 회담(신탁 통치 묵시적 합의), 포츠담 회담(독립 재확인, 일본의 무조건 항복 촉구)

광복과 분단의 시작

일제에서 벗어났으나 남과 북이 분단되다

　1945년 8월 15일 우리 민족은 광복을 맞이하게 되었습니다. 어떻게 된 일일까요? 당시 세계는 제2차 세계대전 중이었어요. 일본과 싸우던 연합국은 독립 운동가들의 노력을 인정하고 여러 회담에서 우리의 독립을 약속했었죠. 전쟁에서 연합국이 승리하면서 우리는 일본의 35년 지배에서 벗어났습니다. 하지만 우리의 기대와는 다르게 북위 38도 선을 기준으로 남쪽에는 미국이, 북쪽에는 소련이 군대를 보내왔죠. 명목상 항복한 일본의 군대가 해체되는 것을 확인하기 위한 목적으로 왔지만 그들의 속셈은 그들에게 유리한 정부를 세우기 위함이 더 컸어요. 당시 미국과 소련은 이념 대립을 하고 있었어요. 미국은 더 많은 나라가 자본주의를 따르기를 원했고, 소련은 더 많은 나라가 공산주의 국가가 되길 원하며 총성 없는 차가운 전쟁을 하고 있었죠. 그 첨예한 갈등의 대상이 한반도였던 것이었습니다. 그리고 한반도의 문제를 두고 미국, 소련, 영국이 모여 회의해 한반도를 신탁 통치하기로 결정하였습니다. 신탁 통치란, 스스로 나라를 다스릴 능력이 없는 정부를 대신해 일정 기간 동안 통치하는 것을 말하죠. 독립을 위해 대한민국 임시 정부를 세우고 독립 운동을 했는데 스스로 나라를 다스릴 능력이 없다는 평가는 큰 충격을 주었고, 이는 신탁 통치에 대한 반대로 이어졌어요. 어렵게 일본의 손에서 벗어났는데 다른 나라가 다시 지배한다는 것은 말도 안 되는 일이었죠. 하지만 소련의 이념에 찬성하는 사람들이 신탁 통치에 찬성하면서 한반도에서도 세력이 나뉘고 갈등이 일어나기 시작했어요. 이러한 문제를 미소 공동 위원회에서 해결하고자 하였으나 성과 없이 끝나자 미국은 한반도의 문제를 유엔에 맡기기로 했어요. 유엔은 남한과 북한이 동시에 총선거를 치를 것을 결정했죠. 하지만 소련은 이를 거부했고, 결국 유엔은 선거가 가능한 남한에서만 선거를 실시하라고 했어요. 이러한 유엔의 결정을 김구는 크게 반대했어요. 남한에서만 선거를 실시하면 한반도는 둘로 나뉘어져 통일 정부를 구성할 수 없기 때문이었죠. 김구의 반대에도 불구하고 1948년 5월 10일 남한에서 총선거가 실시되었어요. 우리나라에서 실시된 최초의 민주 선거였죠. 만 21세 이상의 모든 국민이 투표권을 가지고 선거에 참여했어요. 그리고 이승만을 초대 대통령으로 선출하여 1948년 8월 15일 대한민국 정부가 수립되었답니다. 한편 북한에서는 조선 민주주의 인민공화국이라는 이름의 정부가 들어섰고, 한반도는 그렇게 남과 북으로 나뉘어졌습니다.

7장
6.25 전쟁과 현대

6.25전쟁과 현대 ①

6.25 ㅈ ㅈ 과 우리의 아픔

① 전쟁　② 쟁정　③ 자주

6.25 전쟁 핵심 키워드

38선, 신탁 통치, 김구 암살, 남침, 임시 수도 부산, 인천 상륙 작전, 서울 수복

민족의 분단 6.25 전쟁

한민족의 싸움과 분열, 가슴 아픈 역사

해방의 기쁨도 잠시 평화롭던 한반도에 끔찍한 일들이 벌어졌습니다. 1950년 6월 25일 모두가 자고 있던 고요한 새벽, 북한이 기습적으로 쳐들어온 것이었습니다. 당시 남한과 북한은 서로를 적으로 여기고 있었어요. 우리는 일제의 독립을 위해 함께 싸웠던 한민족이었는데 말이죠. 북한은 소련과 중국의 손을 잡고 남한을 공격하기로 계획했고, 6월 25일 계획을 실행한 것이었어요. 전혀 예상하지 못하고 있었던 우리는 속수무책으로 당했고, 북한군은 3일 만에 서울을 점령하였죠. 이 소식에 놀란 이승만 대통령은 미국에게 도움을 요청했고, 미국과 유엔은 국제 연합군을 보냈어요. 유엔이 판단하기에 북한의 공격은 불법 행위였기 때문이었죠. 미군과 유엔군이 개입했지만 북한군은 낙동강까지 밀고 내려왔어요. 그러다 맥아더가 이끄는 국제 연합군은 새로운 작전을 구상했어요. 북한군의 앞이 아닌 뒷 방향에서 배를 통해 육지로 상륙한 다음 적을 공격할 계획이었죠. 국군과 연합군이 월미도에 도착하면서 인천 상륙 작전은 시작되었고, 대비하지 못한 북한군을 공격했어요. 인천 상륙 작전이 성공하면서 서울을 되찾고 북쪽으로 진격하여 평양을 점령하고 압록강 유역까지 이르렀죠. 하지만 18만 명의 중공군의 개입으로 판도가 뒤집히고 말았어요. 그리고 서울을 빼앗겼다 되찾으며 38 도선을 중심으로 치열한 전투가 계속되었죠. 이 모든 과정에서 너무나 많은 사망자가 발생했어요. 결국 1953년 7월 27일 휴전 협정을 맺고 전쟁을 멈추었어요. 전쟁의 피해는 너무나도 심각했어요. 150만 명이 죽거나 다쳤고 1천만 명 이상의 이산가족이 생겼어요. 이산가족이 무슨 뜻일까요? 전쟁 과정에서 서로 흩어져 소식을 모르고 남과 북 사이에 휴전선이 생기면서 왕래를 할 수 없어 영영 헤어지게 된 가족을 말해요. 가족 구성원 중 한 명을 영원히 만날 수 없고 소식도 들을 수 없다면 그 슬픔은 이루어 말할 수 없겠죠. 전쟁터였던 나라는 황폐해졌어요. 남한과 북한의 관계는 어땠을까요? 6.25 전쟁으로 한민족이었던 우리는 서로의 적이 되어 적대감을 갖게 되었어요. 그리고 지금까지도 분단이 이어져 지구상 유일한 분단 국가로 남아 있습니다.

🔅 인천 상륙 작전

1950년 유엔 연합군 사령관 맥아더 주도로 북한군 후방을 차단해 전세를 역전시킨 작전이다. 이 작선이 성공하며 인천을 짐령하고, 서울을 탈환했다.

6.25전쟁과 현대 ②
부정선거와 시민들의 대항, 4.19 ㅎ ㅁ

① 희망　② 혁명　③ 현미

4.19 혁명 　핵심 키워드

사사오입 개헌(초대 대통령의 중임 제한 철폐 개헌안, 반올림 원칙으로 개헌안 통과), 3.15 부정 선거, 김주열 열사, 이승만 하야

4.19 혁명

부정선거 물러가라! 민주주의를 위한 싸움

현재 우리나라의 대통령의 임기가 몇 년인지 알고 있나요? 바로 5년이죠. 그렇다면 몇 번 대통령을 할 수 있는지도 알고 있나요? 우리나라는 대통령으로 단 한 번만 근무할 수 있습니다. 이를 법으로 제정해 놓았죠. 지금의 민주주의 사회를 만든 중요한 사건들이 있었습니다. 당시 6.25 전쟁 이후 대한민국은 황폐해진 나라를 회복하기 위해 힘썼어요. 그러던 중 대한민국을 뒤흔드는 사건이 발생했습니다. 당시 초대 대통령이었던 이승만은 국민들에게 인기가 많은 대통령이었어요. 그러나 이승만은 무리한 욕심을 내었죠. 바로 대통령을 좀 더 오래 계속하고 싶은 욕심이었어요. 그리고 자신에게 유리한 내용으로 헌법을 바꾸려 했죠. 당연히 국회의원들은 헌법을 바꾸는 것을 반대했어요. 당시 우리나라의 선거 방식은 국민 전체가 하는 것이 아닌 국민을 대표하여 국회에서 투표하는 '간선제'였어요. 자신을 반대하는 국회가 투표하는 것을 막고 싶었던 이승만은 모든 국민이 투표를 하는 '직선제'로 방식을 바꿨고, 대통령을 두 번 이어서 할 수 있는 연임제로 헌법을 바꾸는 등 여러 방식으로 대통령직을 계속 이어나갔어요. 1960년 3

월 15일에 실시된 네 번째 대통령 선거에서도 이승만이 대통령으로 당선되었죠. 그리고 당시에는 부통령 선거를 함께 했는데 이승만은 자기 당이었던 자유당에서 부통령이 나오길 바랬고, 해서는 안 되는 일을 저지르고 말았어요. 투표 실시 전에 투표함에 자유당을 찍은 표로 미리 채워 넣고, 선거권이 있는 사람들에게 돈이나 물건을 주며 자유당에 투표하기를 강요하였죠. 그리고 자유당에 투표하는지 직접 감시하고, 몸이 불편한 사람은 투표권이 있음에도 나오지 못하게 하고 자신들이 대신 투표하는 부정 선거를 하였어요. 부정 선거 소식을 들은 많은 시민이 '3.15 부정선거는 무효다! 선거를 다시 하라!' 라고 외치며 시위를 이어나갔죠. 당시 마산에서 격렬한 시위가 이루어졌고 경찰은 폭력으로 시위를 진압했어요. 그러던 중 시위에 참여했던 김주열 학생이 사라져 버렸어요. 그리고 27일 후 마산 앞 바다에 김주열 학생의 시신이 떠올랐어요. 눈에 최루탄이 박힌 채로 말이죠. 사람들의 분노는 극에 달했고, 시위는 빠르고 강하게 확산되었어요. 그리고 4월 19일 전국에서 이승만의 독재 정치와 부정 선거를 규탄하는 시위가 이어졌고 이를 무력으로 진압하는 과정에서 많은 시민이 다치고 죽었어요. 시위가 계속되자 이승만은 결국 대통령 자리에서 물러났습니다. 4.19 혁명은 우리 국민들의 손으로 민주주의를 지켜낸 중요한 사건입니다.

6.25전쟁과 현대 ③
민주주의를 지키기 위한 시민들의 저항,
5.18 ㅁ ㅈ ㅎ ㅇ ㄷ

① 민주화 운동   ② 만주화 운동   ③ 메주화 운동

5.18 민주화 운동 핵심 키워드

12.12 군사 반란으로 신군부 세력 장악, 서울의 봄, 신군부 비상 계엄 전국 확대, 광주 시위에 계엄군 무차별 발포, 2011년 유네스코 세계 기록 유산 등재

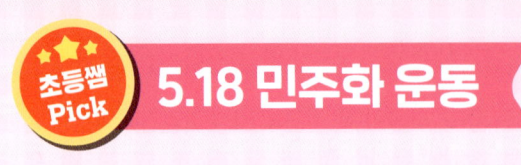

5.18 민주화 운동

독재 정치에 대한 분노, 5.18 민주화 운동

    4.19 혁명으로 시민들은 민주주의 사회가 왔음에 확신했고 기대했어요. 하지만 새로운 정부가 들어선 지 1년도 되지 않아 1961년 5월 16일 서울 시내를 군인들이 장악하는 사건이 발생했어요. 박정희를 중심으로 한 군인들이 탱크를 이용하여 서울의 주요 기관들을 차지해 버린 것이에요. 이유는 지금 정권이 무능하여 군인들이 대신 정치를 하겠다는 것이었어요. 이를 5.16 군사 정변이라고 해요. 5.16 군사 정변을 통해 박정희는 대통령이 되었고, 대통령을 세 번 할 수 있도록 헌법을 바꿨어요. 그리고 1972년 10월 유신 헌법을 세상에 발표했죠. 유신이란, 낡은 제도를 새롭게 고친다는 뜻이에요. 대통령을 제한 없이 영원히 할 수 있고, 대통령은 국회의원을 임명할 수 있고, 헌법도 마음대로 바꿀 수 있게 바꿔버렸죠. 이를 알게 된 사람들은 당연히 참지 않았어요. 많은 사람의 희생으로 어렵게 만든 민주주의 사회가 독재 정치로 물드는 것을 말이죠. 부산과 마산에서 격렬한 시위가 일어났고 학생, 지식인, 노동자 모두가 유신 반대를 외치며 시위에 동참했어요. 그리고 1979년 10월 26일 박정희의 부하였던 중앙 정보부장 김재규

는 박정희를 총으로 쏴 죽이며 18년간의 독재 정치가 막을 내렸습니다. 길고도 길었던 유신 독재가 막을 내리고 사람들은 민주 사회에 대한 희망과 기대를 품었어요. 하지만 그것도 잠시 1979년 12월 12일 전두환을 중심으로 한 군인 세력이 정권을 장악했어요. 유신 독재가 시작했을 때와 너무나도 비슷한 상황에 사람들은 너 나 할 것 없이 거리로 뛰쳐나와 시위를 했어요. 하지만 전두환과 군인 세력은 비상 계엄을 선포하고 시위를 탄압했죠. 비상 계엄이란 국가에 비상 사태가 발생했다고 판단하였을 때 해당 지역을 군대의 힘으로 경계하는 것을 말해요. 즉 시민들을 군대를 동원하여 무력으로 진압하겠다는 것이죠. 당시 1980년 5월 전라남도 광주에서 전두환의 사퇴와 비상 계엄 해제를 요구하는 대규모 시위가 벌어졌어요. 그러자 전두환은 공수 부대를 동원하여 광주의 시위를 탄압했죠. 시민들에게 총을 쏘고 무자비하게 구타하였죠. 엄청나게 많은 사람이 죽고 다쳤지만 광주 사람들을 제외하고는 이 사실을 몰랐어요. 당시 전두환은 언론과 방송을 장악하여, 광주에서 북한을 옹호하는 사람들이 폭동을 일으켰고, 그것을 진압했다고 보도한 것이었죠. 이후 광주에서 일어난 사건의 진실이 밝혀지면서 5.18 민주화 운동은 국가 기념일로 제정됐고, 유네스코 세계 기록 유산으로도 등재되었어요.

6.25전쟁과 현대 ④
민주주의 사회를 향한 간절한 외침, 6월 ㅁ ㅈ ㅎ ㅈ

① 민주 항쟁　② 만주 항쟁　③ 명주 항쟁

6월 민주 항쟁 핵심 키워드
박종철 고문 치사 사건, 이한열 사망, 대통령 직선제

민주항쟁 시위를 통해 헌법 개정과 민주 선거

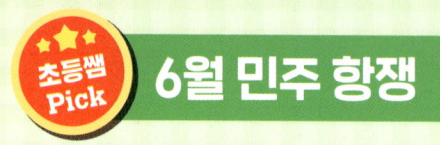

지금 우리가 있기까지의 피와 눈물, 6월 민주 항쟁

　5.18 민주화 운동을 무자비하게 진압하였으나 그것에 책임지지 않았던 전두환은 간선제로 대통령이 되었어요. 간선제란, 국민 전체가 대통령을 뽑는 것이 아니라 국민을 대표한 사람들이 대통령을 뽑는 것을 말해요. 국민들은 국민이 직접 대통령을 뽑는 직선제를 요구하는 목소리를 계속해서 내었어요.

　그러던 중 하나의 사건이 발생하고 맙니다. 중앙일보의 기자가 취재를 하러 대검찰청에 갔다가 이상한 이야기를 듣게 되었어요. 바로 서울대 학생이 죽었다는 말이었죠. 사실을 알고 있는 몇몇 사람들의 이야기를 통해 그날의 진실이 세상 밖으로 나오게 되었어요. 민주화 운동에 참여했던 대학생 박종철 군이 경찰의 고문을 받다 사망한 것이었죠. 그리고 경찰이 이 사실을 숨기려 애썼던 사실까지도 말이에요. 이 모든 사건을 알게 된 사람들은 분노했어요. 책임자를 처벌하고 고문을 금지할 것을 요구하는 시위가 벌어졌죠. 전두환은 이런 상황을 우습게 여기듯이 대통령 직선제를 하지 않겠다는 발표를 했고, 국민들은 좌절했고 분노했어요. 그러던 중 연세대학교에 재학 중이었던 이한열 학생이 시위에 참여하던 중 경찰이 쏜 최루탄에 머리를 맞아 사망하는 사건이 벌어졌어요. 1987년 6월, 시위의 물결이 계속되었어요. 전국에서 학생부터 회사원들, 일반 시민들까지도 시위에 참여했죠. 결국 전두환 정부는 이러한 국민들의 민주화 요구에 굴복하였고, 당시 대통령 후보였던 노태우는 6.29 민주화 선언을 발표했어요. 6.29 민주화 선언에는 대통령 직접 선거, 국민의 기본권 보장, 감옥에 갇혀 있던 사람들의 석방 등의 내용이 담겨 있었어요.

6월 민주 항쟁은 민주주의를 억압했던 정권에 맞서 싸워 승리한 역사적인 사건이랍니다. 이 사건을 계기로 우리나라는 지금처럼 선거권을 가진 국민 모두가 대통령을 뽑을 수 있고, 언론을 자유롭게 보도하고, 대통령의 독재로 나라를 운영하는 것이 아닌 국민 전체가 주인이 되는 민주주의 사회가 되었답니다. 만 18세 이상이 되면 누구나 투표를 할 수 있고, 1인당 1표를 평등하게 가지며 나의 투표 결과는 아무도 알 수 없고, 그 누구도 투표권을 대신 행사할 수 없죠.

지금은 당연하게 여겨지는 사회의 많은 일들은 결코 쉽게 얻어지지 않았습니다. 많은 사람의 희생과 노력으로 결실을 본 민주주의 사회에 대해 감사하는 마음을 갖고 우리의 권리와 의무를 알고 주체적으로 살아가 보는 건 어떨까요?

현직 초등 교사 직접 집필!

교과연계와
어린이 눈높이 연결 **초성 퀴즈**로
여러 상식을 놀이처럼 익히자!

글 이동은, 이상진, 유준상, 이다인, 김보미 | 그림 한규원(필움), 신정아 | 184쪽 | 각 권 13,500원 ~ 14,500원

귀여운 캐릭터가 재미있게 이야기를 이끄는
초등쌤이 알려주는 비밀 시리즈!